Army A. C.ᵗ 3.

K

VOYAGE

EN SICILE

ET A MALTHE.

TOME SECOND.

VOYAGE
EN SICILE
ET A MALTHE,

Traduit de l'Anglois de M. BRYDONE, F. R. S.

PAR M. DEMEUNIER.

TOME SECOND.

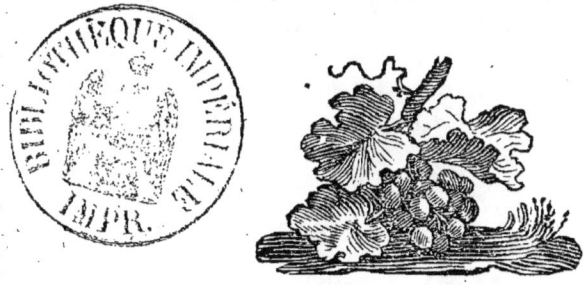

A AMSTERDAM;
& se trouve
A PARIS,

Chez { PISSOT, Libraire, Quai des Augustins.
PANCKOUCKE, Hôtel de Thou, rue des Poitevins.

1775.

VOYAGE

EN. SICILE

ET A MALTHE.

LETTRE XVII.

*Traverſée de Malthe à Agrigente ; Iſle
de Gozzo ; Côte de Sicile ; Aloës
d'Amérique ; Ville d'Agrigente.*

A Agrigente, le 11 Juin 1770.

Nous ſommes partis du port de
Malthe ſur un ſparonaro que nous
avons loué pour nous tranſporter en
cette Ville.

Tome II.   A

NOUS avons côtoyé l'Ifle & nous
fommes allés examiner le port fepten-
trional, fes fortifications & le La-
zaret. Tous ces ouvrages font très-
grands & ils femblent plutôt avoir été
faits par un peuple riche & puiffant,
que par un fi petit Etat. Les mortiers
taillés dans le roc font une invention
terrible. Il y en a environ cinquante,
près des différentes criques & autres
lieux de débarquemens de l'Ifle ; ils
font tournés vers l'endroit où il eft
plus probable que les bateaux entre-
prendront d'aborder. L'embouchure
de quelques-unes de ces machines a environ fix pieds de large ; & on dit
qu'elles vomiffent cent cantaros de bou-
lets ou de pierres. Un cantaro pèfe environ cent livres ; de forte que fi cette
explofion porte, elle doit faire un
épouvantable ravage parmi des bateaux
qui voudroient débarquer.

MALTHE n'eft pas éloignée de

Gozzo de plus de quatre ou cinq milles; & la petite ifle de Commino gît entre les deux. Les côtes de ces trois Ifles font ftériles & nuës, mais couvertes de tours, de redoutes & de fortifications de différente efpèce.

COMME Gozzo paffe pour être la célèbre ifle de Calypfo, vous imaginez bien que nous nous attendions à y trouver quelque beauté naturelle; mais nous avons été trompés. Elle eft fingulièrement dégénérée depuis le tems où cette Déeffe l'habitoit; ou bien l'Archevêque de Cambrai & Homère l'ont beaucoup flattée dans leur defcription. Nous cherchâmes la grotte de Calypfo le long de la côte; mais nous ne pûmes rien découvrir qui y reffemblât. Nous n'avons vu ni ces prairies verdoyantes perpétuellement couvertes de fleurs, ni ces grands arbres toujours fleuris, dont la tête fe perdoit dans les nuës, & qui couvroient de leurs

ombrages les bains facrés de la Déeffe
& de fes Nymphes. Nous avons ap-
perçu quelques Nymphes ; mais comme Calypfo & Eucharis n'étoient pas
du nombre, nous avons fait peu d'attention à elles ; je ne craignois point
que mon Thélémaque fût féduit ; il
auroit fallu en effet une imagination
auffi exaltée que celle de Dom Quichotte, pour opérer un pareil enchantement.

LORSQUE nous vîmes que nos
efpérances étoient fruftrées, nous or-
donnâmes à nos matelots de gagner
le large, & nous dîmes adieu à l'ifle
de Calypfo, en concluant ou que les
deux Auteurs dont j'ai parlé, ne l'ont
pas peinte d'après nature, ou que cette
terre & fes habitans ont beaucoup
changé. Nous fûmes bientôt à la merci
des flots ; & la nuit furvenant, nos
marins entonnèrent leur chanfon du
foir en l'honneur de la Vierge, & ra-

mèrent en cadence. Elle parut avoir accepté leurs hommages ; car nous eûmes un tems très-agréable., Nous nous enveloppâmes dans nos manteaux & nous dormîmes affez bien fur les matelats que nous nous étions procurés à Malthe. Quelque tems après le premier crépufcule du jour, nous ne vîmes plus aucune Ifle, & nous n'apperçûmes qu'une partie du mont Etna qui fumoit au-deffus des eaux. Le vent étoit bon ; & à dix heures, nous découvrîmes la côte de Sicile.

En confidérant la petiteffe de notre bateau & l'étendue de cette traverfée, nous ne pouvions nous empêcher d'admirer la hardieffe des Malthois, qui dans toutes les faifons de l'année, fe hazardent à aller en Sicile fur ces bâtimens fi fujets à chavirer. Il eft cependant rare qu'il arrive des accidens ; ils connoiffent fi bien le tems, qu'ils prédifent prefque toujours d'une

manière certaine, une tempête plufieurs heures avant qu'elle furvienne.
Les marins regardent ce paſſage comme un des plus orageux & des plus pé-
rilleux de la Méditerranée. Il eſt appellé *le canal de Malthe*, & les vaiſ-
feaux du Levant le redoutent beaucoup ; mais à cette faiſon de l'année,
il n'y a point de danger.

Nous arrivâmes fur la côte de Sicile un peu avant le coucher du foleil ;
nous débarquâmes vis-à-vis Raguſa,
près des ruines de la petite Hybla. Il
y a dans l'Iſle trois Villes de ce nom,
diſtinguées par les épithetes de *grande*,
moyenne & *petite*. La premiere eſt
fituée près de l'Etna, la feconde près
d'Auguſta, & la derniere à côté de Raguſa. Nous trouvâmes dans celle-ci une
très-belle grève de fable ; & pendant
que nos domeſtiques apprêtoient notre
fouper, nous nous amuſâmes à prendre
un bain & à ramaſſer des coquillages

dont il y a un grand nombre d'efpèces différentes. Nous efpérions trouver le Nautile de Sicile qui eft fi connu ; mais nous ne pûmes pas en venir à bout. Cependant nous raffemblâmes quelques autres coquilles très-jolies, quoique moins belles que celles qui viennent des Indes.

APRÈS fouper, nous nous remîmes en mer. Le vent étoit auffi favorable que nous pouvions le defirer ; & le lendemain à midi, nous gagnâmes le célèbre port d'Agrigente.

LE Capitaine du port nous reçut poliment, & il s'offrit de nous accompagner à la Ville, fituée fur le fommet d'une montagne à quatre milles de diftance du havre & à environ onze cents pieds au-deffus du niveau de la mer. Le chemin eft bordé de chaque côté par une rangée d'aloës d'Amérique extrêmement gros. Les tiges de

cette belle plante ont ordinairement
20 à 30 pieds de haut : quelques-unes
en ont davantage , & elles font couvertes , depuis le bas jufqu'au fommet ,
de fleurs qui fe terminent en pointe régulière & forment une jolie pyramide.
Cette plante eft regardée dans les pays
du Nord , comme une des plus grandes
curiofités du règne végétal ; & nous
fûmes charmés de la voir dans toute
fa perfection & beaucoup plus grande
que je ne l'avois encore trouvée aupa-
ravant.

On croit vulgairement dans notre
patrie , qu'elle ne fleurit que tous les
cent ans. Je fus furpris d'apprendre
qu'elle fe charge ici de fleurs au plus
tard la fixieme année , & le plus fouvent la cinquieme. Comme toute la
nourriture de la plante fe porte dans
la tige & dans les fleurs , les feuilles
commencent à tomber , dès que la fleur
eft entière ; & un grand nombre de

jeunes plantes germent autour de la racine de l'ancienne. On arrache celles-ci & on en fait de nouvelles plantations pour fervir de haies ou d'avenues dans les maifons de campagne.

La ville d'Agrigente appellée à-préfent *Girgenti*, eft très-irréguliere & très-vilaine : quoique vue de plufieurs milles en mer, elle préfente une belle apparence ; elle eft alors prefqu'auffi brillante que Gênes. Comme elle eft fituée fur le penchant de la montagne, les maifons ne fe cachent pas les unes les autres, & on découvre toutes les parties de la Ville.

En y arrivant, nous reconnûmes que l'intérieur ne répondoit pas à ce joli coup d'œil. Les maifons font petites, laides ; les rues fales, tortueufes & étroites. Elle contient aujourd'hui près de 20000 habitans : fa population eft fort diminuée, puifqu'on

dit qu'autrefois elle n'en avoit pas
moins de 800, 000, & qu'après Sy-
racuſe; c'étoit la plus grande Ville de
la Sicile.

LE chanoine Spoto, pour qui M. Hamilton nous a donné une lettre, &
que nous avons connu à Naples, nous
a reçus d'une maniere très – amicale.
Il a voulu que nous logeaſſions chez
lui ; & nous ſommes à-préſent dans ſa
maiſon. Adieu ; je vous écrirai dans
peu.

LETTRE XVIII.

Antiquités d'Agrigente ; Temples de Vénus, de la Concorde, d'Hercule, de Jupiter Olympien, &c. ; Célèbre Tableau de Zeuxis ; Statue d'Apollon ; Catacombes & Sépulchres ; Montagne d'Agrigente.

A Agrigente, le 12 Juin 1770.

Nous venons d'examiner les antiquités d'Agrigente qui sont peut-être les plus considérables de toute la Sicile.

Les ruines de l'ancienne Ville sont à environ un mille de la moderne. Ainsi que celles de Syracuse, elles sont pour la plupart converties en champs de bled, en vignobles & en vergers ; mais les restes des temples sont infiniment plus brillans que ceux de Syracufe. Il y en a quatre en droite ligne près du rempart méridional de la Ville : le premier s'appelloit *le temple de Vénus*, dont il fubfifte encore prefqu'une moitié ; le fecond eft celui de la concorde qui peut être regardé comme entier, puifqu'aucune de fes colonnes n'eft tombée. Il eft exactement des mêmes dimenfions & de la même architecture que celui de Vénus qui probablement lui a fervi de modèle. D'après l'infcription fuivante, trouvée fur un grand morceau de marbre, il paroît qu'il fut conftruit aux frais des Lilibitaniens, probablement après qu'ils eurent été vaincus par la ville d'Agrigente :

CONCORDIÆ AGRIGENTINORUM SACRUM ;
RESPUBLICA LILIBITANORUM,
DEDICANTIBUS M. ATTERIO CANDIDO
PROCOS. ET L. CORNELIO MAR-
CELLO, Q. P. R. P. R.

CES temples font foutenus de chaque

côté par 13 grosses colonnes doriques cannelées, & par 6 autres placées aux deux extrémités. Les bases, les chapitaux & les entablemens sont encore en entier; & comme l'architecture en est parfaitement simple, sans rien d'affecté ou de recherché, l'ensemble frappe au premier coup d'œil & est fort agréable. Les colonnes sont pourtant plus courtes qu'elles ne le sont ordinairement d'après la proportion établie pour l'ordre dorique, & elles ne sont certainement pas aussi élégantes que quelques-unes des anciens temples qu'on voit aux environs de Rome & en d'autres Villes d'Italie.

LE troisieme temple est celui d'Hercule, qui tombe aussi en ruines; mais il paroît avoir été beaucoup plus vaste que les deux premiers. Nous mesurâmes quelques-unes de ses colonnes brisées, & elles paroissoient avoir

près de fept pieds de diamètre. C'eft
ici qu'étoit la fameufe ftatue d'Hercule fi célébrée par Cicéron, & que
les habitans d'Agrigente défendirent
avec tant de bravoure contre Verrès
qui entreprit de s'en emparer. Vous
trouverez toute cette hiftoire dans
fes difcours contre cet infâme Préteur.

Il y avoit auffi dans ce temple un
fameux tableau de Zeuxis. Hercule
étoit repréfenté dans fon berceau,
tuant les deux ferpens. L'artifte avoit
peint fur le vifage d'Alcmène & d'Am-
phitrion qui entroient alors dans la
chambre, toutes les marques de la
terreur & de l'étonnement. Pline dit
que Zeuxis regardoit ce morceau comme ineftimable, & que ne voulant pas
abfolument y mettre un prix, il en fit
préfent à la ville d'Agrigente pour le
placer dans le temple d'Hercule. Ces
deux chefs-d'œuvre fe font perdus:

nous y penfâmes avec regret en marchant fur ces ruines vénérables.

PRÈS de ce temple, on trouve les reftes de celui de Jupiter Olympien que les Auteurs Siciliens difent avoir été le plus grand du monde Payen, & qui eft encore d'une étendue énorme. Il eft appellé maintenant *il tempio de' Giganti ,* ou le temple des Géants, parce qu'ils ne peuvent pas concevoir que de fi groffes maffes de rocher aient pu être placées dans un édifice par les mains des hommes ordinaires. Les fragmens des colonnes font encore prodigieux , & ils nous donnent une grande idée de ce bâtiment. On dit qu'il a fubfifté jufqu'en 1100 ; mais à-préfent il tombe entièrement en ruines. Nos *Cicerons* nous ont affuré qu'il avoit les mêmes dimenfions que l'églife de S. Pierre de Rome ; mais ils fe font fûrement trompés. Cette églife eft beaucoup plus vafte que tous les temples des Payens.

On voit les ruines de plufieurs autres temples & d'autres grands bâtimens; mais ceux dont je viens de vous parler font les plus remarquables. On vous montre cependant ceux de Vulcain, de Proferpine, de Caftor & Pollux, & un de Junon qui a été très-beau. Celui-ci étoit enrichi d'un des plus fameux morceaux de peinture de l'antiquité, & dont la plupart des Anciens ont parlé avec enthoufiafme. Zeuxis étoit né pour furpaffer tout ce qu'on avoit fait avant lui & pour être un modèle de perfection. Il engagea, dit-on, les plus belles femmes d'Agrigente à paroître nuës devant lui. Il en choifit cinq pour fes modèles; & raffemblant toutes les perfections de ces beautés en une feule, il en compofa fa Vénus. Cet ouvrage

ouvrage fut toujours regardé comme
fon chef-d'œuvre ; mais malheureufement il fut entièrement confumé dans
l'incendie, lorfque les Carthaginois
prirent Agrigente. La plupart des citoyens fe retirèrent dans ce temple
comme en un lieu de fûreté ; & dès
qu'ils virent que les portes étoient attaquées par leurs ennemis, ils con-
vinrent tous d'y mettre le feu, aimant
mieux périr au milieu des flammes,
que de fe foumettre à la puiffance des
vainqueurs. La poftérité a plus re-
gretté la perte de ce tableau que la
deftruction du temple & la mort de
ces braves citoyens.

Une ftatue d'Apollon ne rendoit
pas moins célèbre le temple d'Efcu-
lape, dont on voit encore aujourd'hui
les ruines. Elle fut prife par les Carthaginois, quand ils brûlèrent le temple de Junon. Les conquérans l'em-
portèrent dans leur patrie, dont elle

Tome II. B

fit long-tems l'ornement ; mais Scipion, lors de la deftruction de Carthage, la rendit enfin à Agrigente. Quelques Auteurs Siciliens difent, mais fans aucun fondement, à ce qu'il me paroît, qu'elle fut enfuite transférée à Rome, & qu'elle y exifte encore admirée de tous les connoiffeurs, fous le nom d'*Apollon du Belvedere ;* cette ftatue eft effectivement l'ouvrage le plus parfait que l'induftrie humaine ait jamais produit.

JE vous ennuyerois fort fi je vous donnois une defcription détaillée de toutes les antiquités qu'on trouve ici. La plus grande partie n'apprennent rien ou que très-peu de chofe. La plupart des anciennes murailles de la Ville étoient taillées dans le roc : les catacombes & les fépulcres font tous très-vaftes ; l'un de ceux-ci eft digne d'une attention particuliere, parce que Polybe qui en fait mention, dit qu'il étoit vis-à-vis du temple d'Hercule, & qu'il fut frappé de la foudre, même de son tems. Il est presque entier & répond parfaitement à la description qu'il en donne ; mais les inscriptions en font si effacées que nous n'avons pas pu y rien lire.

JE parle du monument de Teron, Roi d'Agrigente, un des premiers tyrans de la Sicile. On peut juger de son antiquité, puisque Diodore, Polybe & les derniers des anciens Historiens assurent que Teron a vécu avant Hérodote & Pindare qui lui adressa deux de ses odes olympiques. Ce monument doit avoir plus de deux mille ans ; il a la forme pyramidale, & c'est une des formes d'édifices les plus durables.

LES ruines célèbres d'Agrigente & toute la montagne sur lesquelles on les trouve, font une immense concrétion de coquillages de mer, réunis & cimentés par une espèce de sable ou de gravier, & aussi durs aujourd'hui que le marbre lui-même. Cette pierre est blanche avant d'être exposée à l'air ; mais en dedans des temples & des autres édifices, elle est devenue d'un brun très-foncé. J'en emporterai quelques morceaux pour les montrer aux curieux. Il y a de ces coquillages jusqu'au sommet de la montagne, au moins à quatorze ou quinze cents pieds au-dessus du niveau de la mer. Ils sont des espèces les plus communes des pétoncles, des huîtres, &c.

Je vous laisse, ainsi qu'aux Physiciens de nos amis, le soin de deviner par quels moyens ces coquillages ont été élevés à une si grande hauteur & joints si intimément avec toute la substance du rocher. Notre vieux globe a probablement souffert beaucoup de convulsions dont il n'est pas fait mention dans l'hiftoire. Vous avez entendu parler des vaftes couches d'os qu'on a découvertes derniérement à Iftrie & à Offero ; une partie de ces couches fe prolonge fous des rochers de marbre qui ont plus de quarante pieds d'épaiffeur ; & l'on n'a pas encore pu déterminer quelle eft leur étendue. On a trouvé quelque chofe de femblable dans la Dalmatie, fur les Ifles de l'Archipel, & depuis peu, à ce que j'apprends, fur le rocher de Gibraltar. Le déluge de l'Ecriture fainte fuffit à peine pour rendre compte de tous ces phénomènes qu'on rencontre dans prefque toutes les parties du monde. Mais je fuis interrompu par des vifites ; c'eft une heureufe circonftance pour vous & pour moi ; car j'allois être extrêmement philofophe, & par conféquent extrêmement ennuyeux. Adieu.

LETTRE XIX.

Luxe des anciens Habitans d'Agrigente ; leur Hospitalité ; Anecdote ; leur Bonté & leur reconnoissance pour leurs chevaux ; Agrigente long-tems soumise aux Tyrans; Phalaris; Anecdote sur ce tyran ; Melanippe & Cariton ; leur amitié ; Mort de Phalaris.

J'AI été interrompu dans ma dernière lettre par un des gens de l'Evêque qui nous a invité demain à un grand dîner au port ; de sorte que nous saurons si le luxe d'Agrigente mérite la réputation qu'il avoit chez les Anciens. D'après les politesses & l'attention qu'on a pour nous, nous avons lieu de croire qu'elle n'a point dégénéré sur l'article de l'hospitalité ;

vertu qui rendit cette Ville autrefois si célèbre.

PLATON visitant la Sicile fut si frappé du luxe des maisons & des tables d'Agrigente, qu'il fit cette remarque. Ils bâtissent, disoit-il, comme s'ils ne devoient jamais mourir, & ils mangent comme s'ils n'avoient qu'une heure à vivre. Elien que je tiens devant moi nous a conservé ces paroles (a).

POUR mieux faire connoître cette Ville, il raconte une histoire qui montre que les mœurs de la jeune noblesse des Anciens & de celle d'aujourd'hui sont beaucoup plus ressemblantes qu'on auroit lieu de l'attendre.

―――――――――

(a) » Agrigentinos ita ædificare ac si perpetuò » victuri, ita convivari ac si postridie morituri fo- » rent «.

B 4

DES jeunes-gens de la première diftinction fe trouvèrent fi yvres après un grand repas, qu'à force de chanceler & de tomber les uns fur les autres, ils imaginèrent qu'ils étoient en pleine mer, affaillis par une tempête, & ils commencèrent à fe croire dans le danger le plus prochain de périr. Enfin ils décidèrent que la feule manière de fauver leur vie étoit d'alléger le vaiffeau, & d'un commun accord, ils jettèrent par les fenêtres les meubles les plus riches des appartemens, au grand contentement de la populace, & ils ne ceffèrent leur extravagance que lorfque la maifon fut entièrement nuë. Cet édifice, en mémoire de cette folie, fut appellé dans la fuite, *le trireme* ou le vaiffeau.

IL ajoute que c'étoit un des principaux palais de la Ville. On m'a dit qu'il y a à Dublin plufieurs de ces *triremes*, & qu'il n'eſt pas rare d'y voir des exemples de cette frénéſie, que les habitans appellent *jetter la maiſon par les fenêtres.*

LES anciens Auteurs qui reprochent aux habitans d'Agrigente le vice de l'yvrognerie, louent en même-tems leur hoſpitalité ; & effectivement on voit que cette vertu & ce vice marchent ordinairement enſemble dans l'antiquité comme aujourd'hui. Les Suiſſes, les Ecoſſois, les Irlandois, qui ſont à-préſent les peuples de l'Europe les plus adonnés à l'yvrognerie, ſont auſſi les plus hoſpitaliers. Dans les pays ſobres, au contraire, tels que l'Eſpagne, le Portugal & l'Italie, cette vertu eſt très-peu connue, & même on n'y en connoît gueres d'autre que la ſobriété. Il faut probablement en chercher la cauſe dans la ſévérité du gouvernement & la crainte de l'Inquiſition. Lorſque chacun tremble de laiſſer échapper fes véritables fentimens, il feroit dangereux de fe mettre dans un état où le cœur s'ouvre de lui-même. Mais quand les efprits ne font point affervis par la tyrannie, les peuples n'appréhendent point de dévoiler leurs penfées les plus fecrettes.

CE ne font pourtant pas là les feules raifons de ce fait. Je fuis perfuadé que les vertus morales & les vices dépendent très-fouvent de caufes naturélles. La fituation très-élevée de cette Ville, où l'air eft d'une légéreté & d'une froideur extraordinaires, a peut-être rendu les habitans de cette Ville plus adonnés au vin que leurs voifins qui font dans les vallées.

ON peut en dire autant des trois nations dont je viens de parler; la plus grande partie de ces pays eft fituée parmi des collines & des montagnes où le climat rend les liqueurs fortes

beaucoup plus néceffaires, ou moins
nuifibles que dans les lieux bas. Il
n'eft pas furprenant que cette coutume
qui a commencé probablement fur les
montagnes où l'air eft fi vif, fe foit
étendue peu-à-peu dans les vallées,
& qu'enfin elle y foit devenue prefque
épidémique.

FAZELLO, après s'être moqué de
l'yvrognerie des habitans d'Agrigente,
ajoute qu'il n'y avoit pas en Sicile une
Cité qui fût auffi recommandable par
fon hofpitalité. Il dit que plufieurs Nobles avoient des domeftiques placés aux
portes de la Ville pour inviter à
venir chez eux tous les étrangers qui
arrivoient. Empedocle faifoit vraifem-
blablement allufion à cet ufage, lorfqu'il s'écrie que les portes d'Agrigente annonçoient à chaque étranger
qu'il étoit le bien venu. Nous pouvons affurer par expérience que les habitans de cet endroit confervent en-

core cette antique vertu fi peu connue
dans les pays polis. Demain nous aurons occafion de juger fi elle eft accompagnée du défaut qui marche ordinairement avec elle.

On eft vraiment étonné de la defcription que nous font les anciens Auteurs de la magnificence d'Agrigente;
mais les monumens qui fubfiftent encore, l'atteftent d'une manière encore
plus forte que ce qu'on trouve dans
leurs ouvrages. Diodore dit que les
grands vafes où l'on mettoit de l'eau,
étoient ordinairement d'argent, & que
les litières & les voitures étoient le
plus fouvent d'yvoire & richement ornées. Il fait mention du grand vivier
rempli de poiffons & d'oifeaux aqua-
tiques, & où les habitans alloient fe
pourvoir quand ils vouloient donner un
grand repas; mais il ajoute que dès
le fiècle d'Augufte, on le laiffoit tomber en ruines, parce qu'il en auroit

trop coûté pour l'entretenir. Il n'en reste pas aujourd'hui le moindre vestige ; cependant on voit encore une source d'eau singuliere qui jette une espèce d'huile flottant sur sa surface, & dont les pauvres font usage pour plusieurs maladies. On croit que cette fontaine indique la place de ce célèbre étang que Pline & Solin disent avoir été fortement impregné de cette huile.

Diodore parlant des richesses d'Agrigente, rapporte le nom d'un de ses citoyens, qui revenant victorieux des jeux olympiques, entra dans la Ville suivi de trois cents chars traînés chacun par quatre chevaux blancs richement caparaçonnés, & il rapporte plusieurs autres exemples de leur profusion & de leur luxe.

Il dit que leurs chevaux étoient fort estimés dans toute la Grèce par leur

beauté & leur agilité. Plusieurs des
anciens Auteurs donnent des éloges
à leur race,

» Arduus inde Agragas oftentat maxima longe
» Mœnia, magnanimum quondam generator
    equorum «.

dit Virgile au 3ᵉ. Livre de l'Enéïde ;
& Pline nous apprend qu'on rendoit
les honneurs funéraires à ceux qui
avoient été souvent victorieux dans
les jeux, & même que pour éternifer
leur mémoire, on leur élevoit de fuperbes monumens. Timée confirme
ce fait ; il dit avoir vu à Agrigente
plusieurs pyramides en forme de fépulcres qu'on leur avoit érigés, & il
ajoute que lorsque ces animaux étoient
devenus vieux & incapables de fervir
davantage, on en prenoit très-grand
foin le refte de leur vie, & qu'on leur
fournifloit toutes les commodités poffibles. Je defirerois que nos compatriotes imitaffent en ce point la reconnoiffance & la bonté des Sici-

liens. Notre nation peut être juftement accufée de cruauté & d'ingratitude dans la manière dont elle traite les chevaux, ces quadrupedes qui font de tous les plus dignes de notre attention. Il eft vraiment douloureux de voir fur la plupart de nos grands chemins des chevaux, autrefois les meilleurs du monde & la gloire de ceux qui les poffédoient, livrés fur la fin de leur vie, à la tyrannie & à la brutalité des plus cruels oppreffeurs, entre les mains defquels ils fouffrent la derniere mifère, jufqu'à ce qu'ils fuccombent enfin fous le poids des travaux qu'on leur impofe. Les fouffrances de ces malheureux animaux m'ont toujonrs paru la circonftance la plus incommode des voyages qu'on fait en Angleterre, & qui d'ailleurs font fi agréables. On m'appelle pour aller voir quelques antiques; mais je finirai cette lettre ce foir, parce que la pofte part demain matin pour l'Italie.

LE 13 au foir. Nous avons exa-
miné beaucoup d'anciennes murailles
& de voûtes qui tombent entièrement
en ruines. Les habitans leur donnent
des noms & ils prétendent vous dire
ce qu'elles étoient autrefois ; mais
comme elles n'ont pas aujourd'hui la
moindre reffemblance avec ces objets,
il eft impoffible de les croire & il feroit inutile de vous en entretenir. Il
eft vrai que nous avons vu quelque
chofe qui nous a bien récompenfés
des peines que nous avons prifes. C'eft
une chaffe de fanglier fculptée en haut-
relief fur du marbre blanc ; ce morceau vaut au moins tous ceux du même
genre que j'ai vus en Italie, s'il ne
leur eft pas fupérieur. Il eft compofé
de quatre différentes parties qui re-
préfentent l'hiftoire & les effets de
cette chaffe remarquable.

LA premiere contient les préparatifs
de la chaffe : il y a deux chaffeurs
portant

portant chacun une lance, & fous le bras gauche un petit coutelas d'une forme très-fingulière. Les chiens reffemblent exactement à ceux que nous appellons *baffets*. Les chevaux font pleins d'ardeur & de feu ; ce qui prouve peut-être mieux l'excellence de leur race, que tous les témoignages des Auteurs ; car l'Artifte qui les a deffinés, étoit certainement accoutumé à voir de très-beaux chevaux.

La feconde piéce repréfente la chaffe ; la troifieme la mort du Roi qui tombe de cheval, & la quatrieme le défefpoir de la Reine & de fa cour, en apprenant cette nouvelle. On voit la Reine évanouie entre les bras de fes femmes qui fondent toutes en larmes.

Ces morceaux font très-bien exécutés, & je les mets au rang des plus beaux reftes d'antiquité que j'aie ja-

Tome II. C

mais vus. On les conferve dans la grande églife, qui eft célèbre dans toute la Sicile par un écho fingulier, à-peu-près du même genre que la gallerie de faint Paul, mais dont il eft beaucoup plus difficile de rendre raifon.

Si un homme fe place à la porte occidentale, & un autre fur la corniche, dans le point le plus éloigné de l'églife, exactement derrière le grand autel, ils pourront, en parlant très-bas, avoir une converfation où chacun d'eux entendra l'autre très-diftinctement.

Ce phénomène n'a été connu pendant long-tems que de peu de perfonnes. Comme il y a plufieurs confeffionaux près du grand autel, les perfonnes qui favoient le fecret, avoient coutume de fe placer à la porte de la cathédrale, & elles entendoient clairement tout ce qui fe difoit entre le confeffeur & fon pénitent. Vous imaginez bien qu'elles ne manquoient pas d'en faire ufage dans l'occafion. On découvroit les intrigues les plus cachées; les femmes d'Agrigente avoient beau changer d'amant ou de confeffeur ; tout fe dévoiloit comme à l'ordinaire. Enfin on en trouva la caufe : on enleva les confeffionaux ; on prit d'autres précautions pour empêcher la révélation des faints myftères ; & les parties offenfées fe pardonnèrent mutuellement.

AGRIGENTE fut long-tems foumife, ainfi que Syracufe, au joug des tyrans. Fazzelo parle de leur cruauté. Je n'ai pas envie de répéter ce qu'il a dit; j'y trouve cependant une hiftoire très-curieufe : quoiqu'elle foit connue, comme elle eft courte, je vous la rappellerai.

C 2

L'ORFÉVRE Perillo voulant faire sa cour au tyran Phalaris, lui donna en préfent un taureau d'airain admirablement travaillé. Il étoit creux en dedans & conftruit de manière que la voix d'un bomme qui y étoit renfermé, reffembloit exactement au mugiffement d'un bœuf. L'artifte indiqua au tyran les grands effets que ce châtiment produiroit, fi l'on mettoit quelques criminels dans le taureau d'airain & qu'on fît du feu deffous.

PHALARIS frappé de cette horrible idée & curieux peut-être de voir l'expérience de ce qu'on lui propofoit, dit à l'orfévre qu'il étoit la feule perfonne qui pût animer le taureau ; qu'il devoit avoir étudié le fon de voix qu'il falloit employer pour le faire mugir de la manière la plus parfaite, & qu'il feroit injufte de le priver de l'honneur de fon invention. Il ordonna enfuite qu'on y enfermât l'orfévre & qu'on allumât un grand feu autour du taureau, qui fur le champ fe mit à mugir au grand étonnement de tout Agrigente que ce fpectacle amufoit. *Cicéron* dit qu'il fut emporté à Carthage lors de la prife d'Agrigente, & que Scipion le renvoya en Sicile après la deftruction de la métropole des ennemis des Romains.

FAZZELLO raconte une autre hiftoire qui fait plus d'honneur à Phalaris. Deux amis, Melanippe & Cariton, avoient confpiré fa mort. Cariton efpérant fauver fon ami des dangers de ce projet, voulut l'exécuter feul. Au moment où il tentoit de poignarder le tyran, il fut faifi par les gardes, & on le livra fur le champ aux plus affeufes tortures pour lui faire révéler fes complices. Il les fupporta avec tout le courage imaginable. Melanippe informé de la fituation de fon ami, courut vers le tyran & l'affura qu'il étoit feul criminel ; que Cariton n'avoit agi qu'à fon inftigation. Il lui demanda de fouffrir lui-même les fupplices deftinés à fon ami. Phalaris frappé de tant d'héroïfme, leur pardonna à tous deux.

MALGRÉ cette action généreufe, c'étoit affurément un tyran barbare. Fazzello raconte auffi fa mort : je finirai ma lettre par ce trait ; car je fuis exceffivement fatigué, & je crois que vous êtes dans le même cas. Zenon le Philofophe étant allé à Agrigente & ayant été admis à la préfence du tyran, il lui confeilla pour fon bonheur, ainfi que pour celui de fes fujets, de réfigner fa puiffance & de mener une vie privée. Phalaris ne goûta pas ces idées philofophiques ; & foupçonnant Zenon de confpirer contre lui avec quelques-uns des habitans de la Ville, il le fit appliquer à la queftion en préfence des citoyens d'Agrigente.

ZENON se mit alors à leur repro-
cher la foiblesse & la pusillanimité
qu'ils faisoient paroître, en se sou-
mettant à un si abominable tyran, &
il excita tellement leur courage, qu'en
peu de tems ils terrassèrent les gardes
& lapidèrent Phalaris. Je vous assure
que je suis charmé que sa mort n'ait
pas été plus longue—. Je ne vous
écrirai plus de lettres si étendues à l'a-
venir; car elles sont au moins aussi
incommodes pour moi que pour vous.
Nous ferons voile ce matin ou demain pour Trapani, d'où je vous don-
nerai de mes nouvelles. Nous allons
examiner un grand nombre de vieilles
murailles; mais je ne vous ennuyerai
pas du détail de ce que nous aurons vu.

LETTRE XX.

Environs d'Agrigente ; Fête ; Hospitalité des Habitans d'Agrigente ; leur Caractère ; l'Evêque ; Départ pour Trapani ; Tempête ; Retour à Agrigente ; Voyage par terre à Palerme ; Richesse & beauté du pays ; Pauvreté & oppression des Paysans.

Le 16 Juin 1770.

JE prends la plume, mon cher Beckford, pour vous écrire, quand je n'ai pas autre chose à faire. Nous sommes à-présent sur le sommet d'une très-haute montagne située à mi-chemin entre Agrigente & Palerme. Notre expédition par mer à Trapani a manqué, & nous avons résolu de ne plus nous hazarder sur cet élément ; nous nous croyons très-heureux de n'y pas être expofés, quoique nous foyons dans le plus pauvre & le plus miférable de tous les villages. Nous avons voyagé tout le foir fur nos mules, & nous y fommes arrivés à environ dix heures, accablés de fommeil & de fatigue. Nous avons du thé, remède qui ne manque jamais de nous foulager ; & je fuis à-préfent auffi frais que lorfque nous nous fommes mis en marche. Il n'a pas produit un fi bon effet fur nos compagnons ; ils fe font jettés fur de la vieille paille dans un coin ; & en dépit des poules affamées qui vont chercher leur pâture deffous eux, ils font déja endormis.

Je profiterai de ce tems-là pour vous faire un abrégé de ce qui nous eft arrivé depuis ma dernière lettre.

Nous avons fait quelques petites excurfions aux environs d'Agrigente. Le pays eft agréable ; il produit du bled, du vin, de l'huile dans la plus grande abondance : les champs font couverts en même-tems de beaucoup de fruits très-beaux & de différente efpèce, d'oranges, de limons, de grenades, d'amandes, de piftaches, &c. Ces productions nous caufoient prefqu'autant de plaifir que le fpectacle des ruines fur lefquelles elles croiffent.

Nous avons dîné chez l'Evêque, & nous fommes très-convaincus que les anciens habitans d'Agrigente ne connoiffoient pas mieux le véritable luxe de la table que ceux d'aujourd'hui, auxquels ils ont tranfmis une grande partie de leurs vertus fociales & de leurs vices. Je leur demande pardon d'appeller ces défauts des vices ; je voudrois employer un nom moins fort, dans la crainte qu'on ne m'accufât de reconnoître mal l'hofpitalité qu'ils ont exercée à notre égard.

Nous étions tous à table, & on y a servi plus de cent plats : ils étoient tous apprêtés de la manière la plus délicate & la plus difpendieufe; & nous avons vu que l'ancien proverbe Romain, *ficulus coquus & ficula men-fa*, fe vérifioit encore aujourd'hui. Il n'y manquoit rien de tout ce qui pouvoit exciter ou flatter le goût, & enfin caufer un appétit factice & le fatisfaire. Quelques-uns des mets fi recommandés par les Epicuriens de l'ancienne Rome, faifoient partie du feftin, & en particulier la *morena* dont parlent fi fouvent leurs Auteurs. C'eft une efpèce d'anguille qu'on ne trouve que dans cette partie de la Méditerranée & qu'on envoie dans toutes les cours de l'Europe. Elle n'eft pas auffi graffe & auffi fade que les autres poiffons de ce nom ; de forte qu'on peut en manger beaucoup : fa chair blanche comme la neige eft très-délicate. Ils

ont inventé un rafinement de luxe qui
eſt ſingulier. En traitant d'une manière ſingulière leurs volailles, ils en
groſſiſſent conſidérablement les foies
& ils leur donnent une excellente ſa-
veur. C'eſt un mets incomparable ;
mais pour ſe le procurer, on emploie
des moyens ſi cruels, que je ne veux
pas vous les apprendre. Vous en par-
leriez peut-être ſans aucune mauvaiſe
intention à vos amis ; ceux-ci les révé-
leroient à d'autres, juſqu'à ce qu'enfin on en fît l'expérience ; & toute
la race des volailles auroit raiſon de
me maudire. Contentez-vous de ſavoir
qu'elle occaſionne une mort lente &
très-douloureuſe au pauvre animal. Je
ſais que cela ſeul ſuffit pour vous empêcher d'en goûter jamais.

La campagne étoit fort riante ;
les Agrigentins ne démentent point
leur ancien caractère ; car la plupart

étoient yvres avant que de fortir de
table , & en les voyant chanceler ,
je commençais à craindre que la
fcène des *triremes* ne fe renouvellât.
Ils nous prièrent de leur faire du
punch , liqueur dont ils avoient fouvent entendu parler , mais qu'ils n'a-
voient jamais vue. On nous apporta
fur le champ les ingrédiens néceffaires , & nous réuffimes fi bien , qu'ils
le préférèrent à tous les vins qu'on
avoit fervis en grand nombre. Ils en
burent tant , que je m'attendois à les
voir tomber par terre. Ils l'appelloient
pontio ; ils barbouilloient d'un ton de
voix fort haut , des éloges en fon honneur , & ils difoient , en faifant allufion à Ponce Pilate , que Pontio étoit
un bien meilleur homme qu'ils ne l'a-
voient cru. Un d'entr'eux , un Chanoine refpectable , fut très-malade ; &
pendant qu'il vomiffoit , il tourna vers
moi des yeux mourants , & en bran-

lant la téte, il me dit avec un soupir :
» Ah ! Seigneur Capitaine, je savois
» bien que Pontio étoit un grand traî-
» tre ». Un autre qui l'entendoit, s'é-
cria, » un moment, Seigneur Cha-
» noine, ne dites rien contre Ponce
» Pilate ; souvenez-vous que sans lui,
» vous ne seriez pas chanoine & son
» Excellence ne seroit pas évêque :
» n'oubliez pas ainsi vos amis «.

Que pensez-vous de ces révérends
Peres de l'Eglise ? Leur mérite ne consiste plus dans le jeûne & la prière ;
ils disent qu'ils ont arrangé leur *Credo*
à la moderne & qu'il est beaucoup plus
simple que celui de S. Athanase. L'un
de ces Prêtres m'apprit que si nous
voulions rester quelque tems avec eux,
ils nous persuaderoient bientôt qu'ils
étoient les êtres les plus heureux de
la terre. Nous avons ôté de ce systême, dit-il, tout ce qui est sombre &

mélancolique, & nous croyons que
de tous les chemins, celui du ciel doit
être le plus agréable & le plus riant.
Si cela n'eſt pas, Dieu aura pitié de
nous. Je lui répondis que ſi c'étoit un
péché de rire, comme l'enſeignoient
quelques Caſuiſtes, ils ſeroient les plus
grands de tous les pécheurs. Nous tâ-
chons au moins, continua-t-il, d'être
heureux ici bas; & je crois qu'on ne
peut pas mieux ſe préparer au bonheur de l'autre monde. L'abſtinence
des plaiſirs innocens & permis nous
paroît un grand péché, & nous l'é-
vitons avec le plus grand ſoin : aucun
de nous ne ſera damné pour cette pré-
varication. Il finit en rapportant deux
vers qui leur ſervent de maximes fa-
vorites, dont voici le ſens :

» Dieu eſt ſatisfait quand l'homme eſt content;
» Jouir, c'eſt obéir «.

C E n'eſt pas la premiere fois que
j'ai rencontré cet eſprit de licence par-

mi le clergé de l'églife de Rome. Pour
montrer aux Etrangers, qu'il y a dans
leur culte bien des points qu'ils ne
regardent pas comme férieux, ils tombent trop fouvent dans l'autre extrémité.

Nous avons été très-contens de
l'Evêque ; il eft fort refpecté, & à jufte
titre : cependant fa préfence, loin de
diminuer ne fit qu'accroître la bonne
humeur de la compagnie. Il prenoit
part à tous les bons mots ; il nous amufoit par fes réparties faillantes & ou-
blioit entièrement fa dignité épifco-
pale ; mais on m'a affuré qu'il favoit
bien la reprendre, lorfque cela étoit
néceffaire. Il nous plaça près de lui
à table & il nous fit toute forte de
politeffe. Sa maifon eft une des premieres de l'Ifle, & il eft frere du Prince
de.... C'eft un petit homme honnête & d'une fociété agréable : il n'a pas
encore 40 ans ; & comme fon fiege
eft

eft le plus riche du royaume, c'eft une chofe très-extraordinaire que de l'en voir pourvû dans un âge fi peu avancé. Il eft fort inftruit dans la littérature, & il a lu avec fruit les ouvrages anciens & modernes ; il a d'ailleurs autant d'efprit que d'érudition. Nous trouvâmes chez lui plufieurs francs-maçons qui furent très-charmés de reconnoître que nous étions leurs confreres. Ils nous preffèrent beaucoup de paffer quelques jours de plus avec eux, & ils nous ont offert des lettres pour Palerme, ainfi que pour toutes les autres Villes que nous voudrions vifiter. Mais les chaleurs augmentent avec tant de violence, qu'en prolongeant notre expédition, nous craignons d'être furpris par les vents de Siroc qu'on dit fouffler des déferts brûlans de l'Afrique, & qui ont quelquefois des fuites fâcheufes pour ceux qui voyagent en Sicile.

Tome II. D

JE m'apperçois que j'ai omis plufieurs particularités de notre dîner ;
j'aurois dû vous dire que c'étoit une
fête annuelle que donne à l'Evêque
la Nobleffe d'Agrigente. Le repas fut
fervi dans une vafte grange à moitié
remplie de bled, fur la côte de la mer ;
on avoit choifi cet endroit pour éviter
la chaleur. Ils obfervent une méthode
qui nous parut finguliere, mais qui
eft beaucoup meilleure que la nôtre.
Une grande partie des fruits fut mife
fur la table avec le fecond fervice. Il
y avoit entr'autres des fraifes ; les
Siciliens furent très-furpris de nous
les voir manger avec de la crême &
du fucre. Le deffert confiftoit en fruits
de toute efpèce & en un beaucoup
plus grand nombre de glaces ; elles
étoient fi bien faites, en forme de pê-
ches, de figues, d'oranges, de noix, &c,
qu'un homme qui n'auroit pas été accoutumé à en voir, fe feroit aifément

trompé, comme cela est arrivé quelquefois.

SUR les six heures, nous prîmes
congé de nos aimables amis d'Agrigente & nous nous embarquâmes à
bord de notre Sparonaro dans le nouveau port. Ce havre a été construit
depuis peu à très-grands frais ; cette
Ville a toujours été un des premiers
ports de l'Isle pour l'exportation des
grains. L'Evêque & sa compagnie vinrent se promener dans un grand bateau ; & comme ils voguèrent autour
de nous, nous eûmes occasion de leur
faire une seconde fois nos adieux. La
soirée fut très-belle ; & nous fîmes
plusieurs milles en longeant la côte ;
nous dépassâmes plusieurs pointes ou
petits promontoires qui sont très-pit-
toresques ; la plupart étoient couvertes
de grands aloës en pleine fleur. Je
comptai plus de deux cents de ces
plantes majestueuses en un seul endroit ;

j'imagine que ce coup d'œil ne se retrouve nulle part. Je voudrois vous
cacher ce qui nous arriva après le
coucher du soleil ; mais la vie est
remplie de bien des traverses ; &
puisque notre voyage nous causoit
tant de plaisirs, nous devions nous
attendre à quelques inconvéniens. Nous
avons essuyé une tempête ; ce malheur
donnera du relief à notre expédition
de mer & on en lira notre Journal
avec plus de plaisir. Elle n'a pas été
à la vérité aussi forte que celle qui
est décrite par Virgile, & dont la lecture a donné, à ce qu'on dit, le mal
de mer à quelques personnes ; mais
elle ne l'a été que trop pour notre petit bâtiment. Nous tâchâmes de nous
réfugier dans une crique, & nous n'en
pûmes pas trouver. Le vent souffla
avec beaucoup d'impétuosité ; & nous
reconnûmes qu'il étoit dangereux d'a-
vancer plus loin ; mais comme la nuit
étoit sombre & ténébreuse, nous crai-

gnîmes de ne pouvoir pas regagner le port d'Agrigente. Il n'y en avoit point d'autres à plusieurs milles de nous ; & c'étoit la seule ressource qui nous restoit. Nous virâmes de bord ; & après avoir pris beaucoup de peine pour ne pas échouer contre les rochers & les brisans, nous découvrîmes, environ deux heures après, le fanal : il nous servit de direction ; & entre une & deux heures du matin, nous entrâmes sains & saufs dans le havre. Nous nous couchâmes sur nos matelats ; & l'expérience nous ayant appris qu'il étoit faux qu'il ne pouvoit pas y avoir de gros tems sur la Méditerranée en cette saison, nous résolûmes unanimement de ne plus voyager sur des sparonaros, & nous envoyâmes sur le champ louer des mules pour gagner les montagnes de Palerme. La tempête dura tout le jour & fut très-violente ; nous n'eûmes qu'à cinq heures des mules.

D 3

des guides & des gardes ; nous partîmes alors à-peu-près dans le même
ordre & dans le même équipage
que lorsque nous quittâmes Messine, il y a environ trois semaines.
Nos gardes n'ont pas manqué de nous
effrayer tout le long du chemin ; ils
nous montroient à chaque mille l'endroit où un homme avoit été volé, &
plus loin, le chemin où un autre avoit
été assassiné. Si la moitié de ces his-
toires sont vraies, c'est sûrement la
route la plus dangereuse du monde ;
mais j'ai cru qu'ils en avoient inventé la
plupart pour se donner un air d'importance & obtenir de nous une plus grande
somme d'argent. Il faut convenir que
plusieurs potences dressées sur le chemin nous apprenoient qu'il y avoit
beaucoup de scélérats. Chaque petit Baron a le pouvoir de vie & de
mort dans son propre domaine. Le
frere de notre Evêque fit arrêter dernièrement vingt-quatre bandits dé-

fefpérés qui firent beaucoup de réfiftance : il y eut plufieurs hommes
tués de part & d'autre. Quelques-uns
d'entr'eux étoient fous la protection &
au fervice de la Nobleffe ; mais ils furent tous pendus. Ce châtiment n'en a
pas impofé au refte. Nos gardes mar-
choient toujours le fufil armé dans
les endroits fufpects & ils exami-
noient avec attention de tous côtés ;
mais nous ne vîmes rien qui pût
nous allarmer, fi l'on en excepte
les chemins qui font quelquefois plus
mauvais que ceux que j'ai rencontrés
fur les Alpes. Après avoir fait environ vingt milles, nous arrivâmes à
une miférable maifon où il n'y avoit
rien qu'un peu de paille pour nos mules : cependant nous vînmes à bout
d'allumer du feu ; nous fîmes du thé ; &
ayant eu foin d'apporter du pain d'Agrigente, nous foupâmes de bon appétit.
Une pierre ronde au milieu d'un champ
nous fervit de table ; & comme la lune

D 4

brilloit, nous n'eûmes pas befoin d'autre lumière. Vous imaginez bien que nous y reftâmes auſſi peu de tems qu'il nous fut poſſible : la maiſon étoit trop dégoûtante pour y entrer ; & l'écurie étoit remplie de pauvres malheureux couchés fur la terre. Je n'ai jamais vu en aucun pays un ſi mauvais cabaret, ſi toutefois on peut lui donner ce nom. Nous nous remîmes en marche, & nous entrâmes bientôt dans les bois, où nous entendîmes le concert des roſſignols qui nous dédommagèrent des déſagrémens que nous venions d'eſſuyer. Le jour parut peu de tems après ; & nous apperçûmes le pays le plus joli & le plus pittoreſque du monde. La fertilité des plaines eſt vraiment étonnante, ſurtout quand on fait attention qu'elles ne font ni encloſes ni marnées, & qu'on ne les cultive preſque pas. Cette Iſle étoit appellée avec raiſon *le grenier de l'empire Romain*. Si elle étoit bien

cultivée, on y recueilleroit plus de
bled qu'en aucune contrée de la terre.
Pline dit qu'elle produifoit ordinairement au centuple de la femence ; & Diodore qui étoit originaire de la Sicile &
qui écrivoit fur les lieux, affure qu'il y
croiffoit fans labourage du bled & autre grain. Homère avance le même
fait dans l'Odyffée. » Les Cyclopes,
» gens fuperbes, qui ne reconnoiffent
» point de loix, & qui fe confiant à la
» Providence des Dieux, ne plantent ni
» ne fement, mais fe nourriffent des
» fruits que la terre produit fans être
» cultivée. Le froment, l'orge & le vin
» croiffent chez eux en abondance : les
» pluies de Jupiter groffiffent ces fruits
» qui mûriffent dans leur faifon «.

La plupart des montagnes femblent
avoir été formées par un feu fouterrein ;
plufieurs confervent encore leur forme
conique & leur cratere ; mais ils ne
font pas auffi réguliers que ceux de l'Et-

na, parce qu'ils font probablement beaucoup plus anciens. J'ai obfervé plufieurs morceaux de lave fur le chemin & dans les lits des torrens, & des fragmens de la pierre appellée *tuffa*; ce font certainement des productions d'un volcan qui me paroît avoir donné naiffance à une partie de cette Ifle, ainfi que des Lipari qui en font voifines. Nous paffâmes près de quelques carrières d'une efpèce de talc & d'un groffier albâtre; on fait avec ce dernier une forte de ftuc femblable à celui de Paris. Nous regrettâmes beaucoup de n'avoir pas vu la fameufe faline d'Agrigente qu'on trouve en terre à environ quatre ou cinq milles de cette Ville. Le fel y a cette propriété remarquable, différente de tous les autres, qu'il fe fond fur le champ au feu, & que dans l'eau, il fe brife & fe caffe, dit-on, fans jamais fe diffoudre. Pline, Ariftote & d'autres Naturaliftes anciens & modernes en parlent. Faz-

zello que j'ai apporté avec moi pour
le lire en route, dit qu'il en a fait
souvent l'expérience. Il ajoute, fur
l'autorité des Anciens, que la Sicile
avoit autrefois des mines de ce fel qui
étoit fi pur & fi folide, que les ftatuaires & les fculpteurs le préféroient
au marbre & qu'ils en faifoient différens ouvrages.   :

LES pauvres gens du village nous
ont vus dehors & ils nous ont en-
tourés avec des regards qui annonçoient l'infortune. Ils nous ont comblés de bénédictions & ils s'en font
retournés dans leurs malheureufes ca-
banes. Combien nous devenons vils
& méprifables fous le joug de la fer-
vitude ! On ne conçoit réellement pas
qu'un gouvernement, quel qu'il foit,
puiffe rendre indigent & méprifable
un pays qui produit prefque fans culture tout ce qui eft néceffaire aux be-
foins de luxe & de premiere néceffité.

MAIS hélas ! la pauvreté & l'infortune ont toujours fuivi la domination des
Efpagnols dans cet hémifphère & dans
l'autre. J'efpère qu'il y aura un enfer
pour ces barbares Conquérans, & que
les Siciliens & les Mexicains auront la
confolation de les y tourmenter. Ils
fe vantent que le foleil ne fe couche
jamais fur leurs domaines ; mais ils ou-
blient que depuis que leur Etat eft devenu fi étendu, ils ne lui offrent rien
dans fa courfe que des champs ftériles,
des déferts en friche & des moines :
tels font les fruits de leurs conquêtes
fi vantées : ils devroient plutôt rougir
d'être éclairés par le foleil. D'autres
nations diront feulement qu'il ne fe
couche jamais fur leurs forfaits. La
vue de ces pauvres gens m'a rempli
d'indignation. Ce village eft environné
du plus beau pays du monde ; & cependant on n'y trouve ni pain ni vin ;
& les habitans femblent exténués par
la faim. Précieufe liberté ! tu fais

feule le bonheur de l'homme ; tu don-
nes du prix à tous les biens ; & fans
toi les plus riches dons de la nature
fe changent en malédictions. Maudit
foit le premier qui trompant le premier
vœu de la nature, réduifit les fociétés
en efclavage ! A - préfent que j'ai de
l'humeur, je pourrois faire des imprécations jufqu'au foir, fi cela étoit
utile à ces infortunés ; mais je crain-
drois de me jetter dans des déclama-
tions bien oifeufes & de me livrer
à une colère qui ne finiroit pas. Je
finis donc, parce que j'ai beaucoup
d'autres chofes à vous dire ; d'ailleurs
je m'endors de fatigue. Je fouhaite
que la lecture de cette lettre ne pro-
duife pas le même effet ; je compte
pourtant que fi cela arrive, ce chapitre des imprécations vous réveillera.
Nous avons ordonné que nos mules
foient prêtes pour cinq heures, &
nous ferons en marche toute la nuit ;

les chaleurs font trop grandes pour
voyager pendant le jour. Adieu.

LETTRE XXI.

Suite du voyage à Palerme ; Contrafte entre la Sicile & la Suiffe ; Auberges, &c.

A Palerme, le 19 Juin 1770.

Nous venons d'arriver à la grande
Capitale de la Sicile, qui nous paroît
plus belle & plus élégante que Naples : elle n'eft pas à la vérité auffi
vafte ; mais la régularité, l'uniformité & la propreté de fes rues & de
fes bâtimens la rendent beaucoup plus
agréable ; elle eft remplie de monde,
& les habitans femblent être riches &
fort gais. Mais j'oubliois qu'il vous
refte cinquante milles de chemin à
faire fur des rochers & des préci-

pices, & je ne vois pas pourquoi vous jouiriez tout d'un coup des douceurs & des plaifirs de Palerme, fans partager en aucune manière les fatigues du voyage. Je tâcherai pourtant de vous conduire le plus rapidement qu'il me fera poffible.

Nous vous avons laiffé, je crois, dans un petit village au fommet d'une haute montagne. Nous vous traiterions fort mal, fi nous ne vous en tirions pas promptement ; car j'avoue que je ne me fuis jamais trouvé en un pays fi miférable : nous y dormîmes affez bien en dépit des puces, des punaifes & des poulets qui faifoient tous leurs efforts pour nous en empêcher. Nos deux guides vinrent nous éveiller avant cinq heures, en nous parlant des vols & des affaffinats commis fur la route par où nous allions paffer. Nous fûmes bientôt rangés en ordre de bataille & nous nous mîmes en marche, fuivis de tous les hommes, femmes & enfans du village. Nous gagnâmes les bois & nous tâchâmes d'oublier les objets de mifère qui venoient de nous attrifter. Le pays devenoit plus riche & plus beau, à mefure que nous avancions. Quoique les montagnes foient très-élevées (celle que nous venions de quitter avoit près de quatre cents pieds de haut, & le mercure y étoit à 26 pouces 2 lignes) elles font couvertes jufqu'au fommet des meilleurs pâturages. L'herbe des vallées eft déja brûlée par la chaleur ; de forte que tous les troupeaux paiffent dès à-préfent fur les montagnes. On apperçoit la féparation graduelle de la chaleur & du froid, en jettant un coup d'œil fur le pays. Les vallées, ainfi que le pied de la montagne jufqu'à une hauteur confidérable, font d'une couleur brune & jaunâtre ; la furface du terrein commence enfuite à prendre une nuance de verd

qui

qui devient plus foncé peu-à-peu &
qui couvre toutes les régions supérieures ; cependant l'herbe & le bled
ne font pas fi abondans au fommet
qu'au milieu. Nous fûmes furpris de
la richeffe étonnante des récoltes , qui
font fort fupérieures à celles de l'Angleterre & de la Hollande , où le fol
fertile en lui - même eft parfaitement
cultivé. Ici , au contraire , les labou-
reurs dans l'indigence peuvent à peine
tracer un· fillon , & ils moiffonnent
d'un air chagrin leurs champs couverts
de bled. Ils ne peuvent pas en profi-
ter ; fouvent le grain fe gâte entièrement , parce que l'exportation eft défendue à tous ceux qui n'ont pas le
moyen de payer au Roi des droits
exhorbitans. Quel contrafte entre cette
Ifle & le pays ingrat & refferré de la
Suiffe ! Les redoutables effets de l'oppreffion ne peuvent fe trouver nulle
part dans une oppofition plus frappante avec le bonheur de la liberté.

Tome II. E

La Suisse, cette excroissance de l'Europe, où la nature semble avoir rejetté ses humeurs froides & stagnantes, remplie de lacs, de marais & de bois, est environnée de rochers énormes & de montagnes éternelles de glace, remparts sacrés de la liberté. Elle jouit de tous les biens, quoique tous les biens semblent lui avoir été réfusés : la Sicile, au contraire, favorisée de tous les dons de la nature, gémit dans la pauvreté la plus abjecte, & ses habitans hâves & défaits meurent de faim au milieu de l'abondance. C'est la liberté seule qui opère ce prodige. Les montagnes s'abbaissent & les lacs se dessèchent sous ses mains, & ces rochers, ces marais & ces bois deviennent autant de sources de richesse & de plaisir. Le contentement & la simplicité, depuis long-tems exilés de la plupart des Royaumes de la terre, semblent s'être refugiés chez les Suisses.

APRÈS avoir marché jufqu'à minuit, nous arrivâmes à un autre miférable village, où nous dormîmes
quelques heures fur la paille, & nous
nous remîmes en route à la pointe du
jour. Nous eûmes le plaifir de voir
le foleil fe lever du fommet d'une
très-haute montagne, & nous fûmes
ravis de l'afpect du Strombolo & de
toutes les ifles Lipari qui étoient fort
éloignées de nous. En defcendant de
cette montagne, nous nous trouvâmes
aux bords de la mer ; & quoique cette
route fût plus longue de quelques milles, nous la prîmes cependant de
préférence à celle de l'intérieur du
pays. Nous mîmes bientôt pied à terre
pour nous baigner ; vous ne pouvez
pas vous imaginer combien cet exercice procure de délaffement : nous en
avions grand befoin après la fatigue
d'un pareil voyage ; car il y avoit trois
jours que nous ne nous étions deshabi-
llés. Votre ami Fullarton qui n'a

que dix-fept ans, recouvra fes forces
dans un inftant & fut tout prêt à
fe remettre en route. Nous fîmes du
thé au-deffous d'un figuier & nous
déjeûnâmes. Les environs de Palerme
font très-beaux. Toutes les allées font
plantées d'arbres fruitiers & de gros
aloës d'Amérique, qui font en pleine
fleur. Nous paffâmes près de la Ville
vers un endroit où les membres d'un
grand nombre de criminels étoient
fufpendus à des crochets ; on avoit
fait quelques exécutions depuis peu ;
& ces cadavres découpés offroient un
fpectacle hideux. Nous avons appris en
arrivant, qu'un Prêtre & trois autres co-
quins avoient été arrêtés après un combat opiniâtre dans lequel plufieurs hommes furent tués des deux côtés. Le
Prêtre ne voulant pas fe rendre aux fatel-
lites, fe plongea un poignard dans le
fein & mourut fur le champ ; les autres ont été mis en prifon & punis de
mort.

COMME il n'y a qu'une auberge à Palerme, nous sommes obligés de payer ce que le propriétaire nous a demandé, & nous lui donnons cinq ducats par jour. Nous sommes assez mal logés ; à proprement parler, c'est la seule hôtellerie que nous ayons encore vue en Sicile. Elle est tenue par une Françoise babillarde & incommode que nous ne pouvons pas chasser de nos chambres ; & elle n'y vient jamais sans nous parler de tel Prince ou Duc qui se sont trouvés parfaitement heureux d'être logés dans sa maison. Elle nous fait entendre qu'ils étoient passionnément amoureux d'elle, & elle semble prendre beaucoup de peine pour nous inspirer les mêmes sentimens. J'ai déja été obligé de lui dire que nous étions une espèce d'hommes qui vivions retirés & que nous n'aimions pas la compagnie ; je vois qu'elle nous en estime moins ; & comme j'ai passé ce matin dans la cuisine

fans lui parler, elle s'est écriée : » Ah
» mon Dieu ! comme ces Anglois font
» fauvages «. Je crois que nous devons faire un peu plus d'attention à
elle ; fans quoi, elle fe vengera en
nous faifant payer plus cher ; mais elle
eft extraordinairement graffe & auffi
laide que le diable. Elle fe plâtre les
joues d'une manière dégoûtante : fon
portrait eft dans la chambre où je vous
écris, ainfi que celui de fon mari, qui,
pour le dire en paffant, eft un imbé-
cille. Il eft peint tenant une tabatière
ouverte dans une main, une taffe de
café dans l'autre, & difant en même-
tems des douceurs à Madame. J'ai remarqué cette triple occupation qui me
fembloit fignifier quelque chofe de
particulier. J'en ai parlé à la femme,
qui m'a dit que l'idée lui appartenoit ;
que fon mari aimoit paffionnément le
tabac & le café, & que cependant il la
préféroit à ces deux plaifirs. Je n'ai
pas pu m'empêcher d'applaudir à la

naïveté de cette penfée. Madame eft peinte avec un énorme bouquet fur la gorge & une orange dans la main droite, figne emblématique de fa douceur & de fa pureté ; elle ajouta qu'elle avoit preffé fon peintre de la tirer *» avec le » fourire fur le vifage «* ; que comme il n'avoit pas affez d'efprit pour rendre fon fourire naturel, elle avoit été obligée d'en prendre un » qui n'étoit pas » tout-à-fait auffi joli que le naturel, » mais qui vaudroit toujours mieux » que de paroître trifte «. Je lui répondis qu'elle avoit raifon & qu'il lui feyoit parfaitement bien, » parce que » les Dames graffes font toujours de » bonne-humeur «. Je vis cependant qu'il falloit lui faire des excufes fur la dernière partie de mon compliment, qui me faifoit perdre dans fon efprit l'eftime que j'avois gagnée par la première. Il eft vrai, dit-elle affez piquée, que je fuis un peu en embonpoint, mais je ne fuis pas fi graffe. Je lui

demandai pardon de ne pas connoître
toute la fineffe de la langue Françoife,
& je l'affurai qu'*embonpoint* étoit le
terme que je voulois employer. Elle
reçut mon apologie & nous nous re-
conciliâmes. Elle me fit une révérence, & me dit, » oui, Monfieur,
» pour parler comme il faut, il faut
» dire *en embonpoint* ; on ne dit pas
» *graffe* «. Je lui jurai en la faluant
jufqu'à terre, que ce mot feroit à jamais rayé de mon Vocabulaire. Elle
me quitta avec un gracieux fourire, &
elle me fit une révérence beaucoup plus
profonde que la première, en ajou-
tant, » je favois bien que Monfieur
» étoit un homme comme il faut « ;
& elle s'en alla en fautillant fur la
pointe des pieds, pour me faire voir
combien je m'étois trompé. Cette femme m'a rappellé une obfervation qui
s'eft toujours vérifiée : Les François
changent peu de mœurs & de manières en fe mêlant avec les autres

Nations, perſuadés qu'ils ſont ſeuls
dignes d'être imités. Quoiqu'elle ſoit
ici depuis vingt ans, elle eſt toujours
auſſi Françoiſe que ſi elle n'étoit jamais ſortie de Paris ; & elle regarde
toutes les Dames de Palerme avec le
plus grand mépris, parce qu'elles n'ont
jamais vu cette Capitale & qu'elles
n'ont point entendu la muſique ſu-
blime de ſon divin Opéra. Elle eſt
d'ailleurs un abrégé merveilleux de
toutes les femmes de France, dont la
paſſion univerſelle a toujours été le
deſir de plaire & de paroître jeunes ;
& je crois réellement qu'elles conſer-
veroient toujours ces prétentions,
quand même elles vivroient juſqu'à
mille ans. Quiconque obſerve dans les
aſſemblées publiques, leurs têtes de
mort enduites d'un maſque épais de
vernis, ſera aiſément convaincu de
cette vérité. Dès que nos vieilles Ladys
Angloiſes ont au contraire atteint
l'âge de ſoixante ans, elles ſe piquent

d'en avoir quatre-vingt, & elles paroissent aussi vaines alors du nombre de leurs années, qu'elles l'étoient de leur jeunesse. J'en connois plusieurs qui ne sont pas moins contentes, & j'oserois presque dire, moins recherchées avec leurs rides qu'elles l'ont jamais été avec leur teint fleuri. Une vieille femme de bonne-humeur qui ne rougit point du nombre de ses années, est aussi respectable & aussi digne d'estime qu'une petite-Maitresse flétrie, qui remplit ses rides de vernis, & veut à quatre-vingt ans passer pour en avoir vingt-quatre, est ridicule & méprisable. Adieu.

LETTRE XXII.

Ville de Palerme ; Marino ;. Lieux où se tiennent les conversations ; Dames Siciliennes ; Réflexions.

A Palerme, le 23 Juin 1770.

JAI beaucoup de choses à vous écrire sur cette Ville ; nous y goûtons chaque jour de nouveaux plaisirs & nous la quitterons avec bien du regret. Nos lettres de recommandation nous ont procuré de très-agréables connoissances, & on nous comble de politesse. Mais j'entreprendrai de vous donner d'abord quelque idée de la Ville & je vous parlerai ensuite des habitans. C'est une des plus régulières que j'aie vues, & elle est bâtie sur un plan que toutes les grandes Villes devroient suivre. Les deux rues principales s'entrecoupent exactement au centre de la Cité où

elles forment une jolie place régulière, appellée l'*Ottanpla*, ornée de
très-beaux bâtimens uniformes. Du
milieu de cette place, on découvre
toutes les rues & les quatre grandes
portes de la Ville qui les terminent ;
la symmétrie de cet enfemble produit
un effet charmant. Dans un mois
d'ici, elles doivent toutes être magnifiquement illuminées & elles forme-
ront fûrement alors le plus beau coup
d'œil du monde. La Ville n'a pas plus
d'un mille de diamètre, & les quatre
portes font éloignées chacune d'environ un demi-mille ; ce font de très-
bons morceaux d'architecture richement
décorés ; & en particulier la *Porta-
Nova* & la *Porta-Felice*, lesquelles terminent la rue appellée *le Corfo*, qui fe
prolonge au Sud-Oueft & au Nord-Eft.
Les rues plus petites font ordinairement parallèles aux grandes ; de forte
qu'après quelques momens de marche, on eft toujours fûr d'arriver à

une des rues principales. La *Porta-Fe-lice*, qui eft la plus belle, débouche dans le *Marino*, promenade délicieufe qui fait un des grands plaifirs de la Nobleffe de Palerme. Il eft borné d'un côté par la muraille de la Ville, & de l'autre par la mer, d'où il vient toujours une brife agréable à cette faifon brûlante. On a érigé depuis peu au centre du Marino, une efpèce de temple, où va fe placer une orcheftre de Muficiens pendant les mois d'été ; & comme on eft obligé alors de changer la nuit en jour, le concert ne commence que quand minuit fonne ; ce qui eft le fignal de la fymphonie. La promenade eft remplie de voitures & de gens à pied ; & afin de mieux favorifer les intrigues amoureufes, il eft expreffément défendu à qui que ce foit de porter de la lumière. Tous les flambeaux s'éteignent à la *Porta-Felice*, où les domeftiques attendent le retour de leurs Maîtres ; & toute l'affemblée

refte une heure ou deux dans les ténèbres , à moins que les chaftes cornes
de la lune, s'y gliffant par intervalle, ne
viennent les diffiper. Le concert finit
fur les deux heures du matin ; & alors
chaque mari va retrouver fa femme
chez lui. Cette inftitution eft admirable & ne produit jamais de fcan-
dale ; un époux ne refufe point à fa
moitié la permiffion d'aller au Marino ;
& les Dames, de leur côté, font fi
circonfpectes, qu'elles prennent très-
fouvent des mafques.

Les *Converfazioni* , dont il y a un
grand nombre tous les foirs, tiennent
le premier rang parmi leurs autres
amufemens. Il y en a une générale, en-
tretenue par une foufcription de la Nobleffe ; elle commence chaque jour au
coucher du foleil, & dure jufqu'à minuit, quand le Marino commence.
Cette affemblée mérite mieux le nom
de *converfation* qu'aucune de celles que

j'ai vues. On y vient réellement pour converser, au lieu qu'on va dans celles d'Italie pour jouer aux cartes & prendre des glaces. Celle-ci occupe plusieurs appartemens tous éclairés par des bougies & qu'on a soin d'entretenir frais ; & c'est réellement une institution très-sage & très-agréable. On trouve d'ailleurs beaucoup de *conversations* particulières ; & ce qui vous surprendra fort, elles se tiennent toujours dans la chambre des femmes en couche. Dans cet heureux climat, l'accouchement est regardé comme une partie de plaisir. Nous n'avons appris cette circonstance qu'hier. Le duc de Verdura, qui nous fait les honneurs de la Ville avec beaucoup d'attention & de politesse, vint nous avertir que nous avions à rendre une visite indispensable. »La princesse Paterno, dit-il, » est accouchée hier au soir ; & vous » devez aller lui présenter vos respects » aujourd'hui «. Je crus d'abord qu'il

badinoit ; mais il m'affura qu'il parloit
férieufement , & que nous commet-
trions une grande impoliteffe , fi nous
négligions de remplir ce devoir de
fociété. Nous n'y avons pas manqué , & nous avons trouvé la Princeffe
affife fur fon lit dans un deshabillé élégant , & environnée d'un grand nombre
de fes amis. Elle parloit comme à l'ordinaire & ne paroiffoit point incommo-
dée. Cette *converfation* fe réitère tous les
foirs pendant la convalefcence qui dure
communément onze ou douze jours.
Cet ufage eft univerfel ; & comme les
femmes font ici très-prolifiques , il y
a fouvent trois ou quatre de ces affemblées dans le même tems ; peut-être
que le Marino ne contribue pas peu
à les multiplier.

LES Dames de Sicile fe marient à
treize ou quatorze ans , & elles font
fouvent grand-meres avant d'en avoir
trente. Le comte Statela nous a pré-
fentés

fentés il y a peu de jours à la Princeffe Partana fa coufine, qui, à ce
qu'il nous avoit dit, a plufieurs enfans, & entr'autres une jolie fille
de quinze ans. Nous parlâmes une
demi-heure à la Princeffe, très-per-
fuadés que c'étoit fa fille ; & nous
ne fûmes détrompés que lorfque la
jeune perfonne entra, & même alors
il étoit difficile de dire qui des deux
étoit la plus jeune & la plus belle.
Cette Dame a eu douze enfans, &
elle conferve toujours la fleur de la
jeuneffe. Elle m'a affuré que jamais
elle n'a joui d'une fanté plus parfaite
que lorfqu'elle étoit en couche ; que
pendant la groffeffe, elle eft fouvent indifpofée, mais que dès l'inftant
où elle a mis fon enfant au monde,
elle fe trouve entièrement guérie &
plus en état que jamais de jouir de la
compagnie de fes amis. Je lui témoi-
gnai l'étonnement que me caufoit ce
fingulier effet du climat & l'heureufe

Tome II. F

conſtitution des femmes en Sicile ; mais elle fut bien plus ſurpriſe elle-même, lorſque je lui dis que pluſieurs de nos jolies femmes mouroient en couche, & que les accouchemens heureux étoient toujours accompagnés de douleurs cruelles. Elle déplora le fort de nos Dames & remercia le ciel d'être née en Sicile.

Je laiſſe aux Naturaliſtes le ſoin d'expliquer ce phénomène ; mais cette faveur eſt ſûrement une des premières dont jouit ce climat, qui n'eſt plus ſujet à la malédiction portée contre notre mere Eve. Je ne ſais pas comment les femmes ont ici mérité cette abſolution ; car elles deſcendent d'Eve auſſi directement que les nôtres, & elles conſervent pour le fruit défendu un appétit auſſi vif que par-tout ailleurs. Il eſt un peu dur que cet anathême ſe faſſe ſentir davantage en Suiſſe & en Angleterre, où les femmes ſont les plus chaſtes de l'Europe. C'eſt probablement le climat qui produit ces effets. Dans les pays froids, & fur-tout dans les pays de montagnes, les accouchemens ſont difficiles & dangereux, parce que l'air y durcit & reſſerre les fibres; ils ſe font plus aiſément dans les contrées chaudes & baſſes, où la température de l'air amollit & relâche toute l'organiſation du corps. En quelques endroits de la Suiſſe, & entr'autres ſur les Alpes, la moitié des femmes meurent en couche; pluſieurs deſcendent dans les pays bas quelques femaines avant d'accoucher, & au tems de la criſe, elles ſe trouvent foulagées. On conçoit aiſément quel changement doit produire fur toute la machine une colonne d'air de deux ou trois mille pieds de plus qu'à l'ordinaire, qui vient la comprimer; & fi le mouvement des muſcles ſe fait par la preſſion de l'atmoſphère, comme quelques Auteurs l'ont prétendu, com-

bien ce nouveau poids doit-il ajouter
à leur action ! Cependant fi cette fup-
pofition eft vraie, notre force auroit
dû diminuer d'un tiers fur le fommet
de l'Etna, puifque nous avions traverfé
un tiers de la région de l'air ; mais
nous ne nous fommes pas trouvés dans
ce cas. J'ai fouvent penfé que les Médecins ne font pas affez d'attention à
ces réflexions bien fimples, & que
des hommes habiles pourroient en tirer un grand parti pour guérir plufieurs maladies ; ils envoient leurs va-
létudinaires à tel degré de latitude
fans s'embarraffer jamais du degré de
hauteur où fe trouve ce lieu par rapport à l'atmofphère : ainfi ils ordon-
nent aux perfonnes attaquées des mêmes maladies, d'aller à Aix & à Marfeille, quoique l'air de ces deux Villes
foit effentiellement différent. Marfeille
eft au niveau de la mer, & Aix, ainfi
que je l'ai mefuré moi-même, eft à
près de 60 pieds au-deffus de fa fur-

face. Je suis persuadé qu'un habile Médecin pourroit faire de grandes découvertes dans un pays comme la Suisse & sur une montagne pareille à l'Etna, où il est aisé en tout tems de décharger le corps humain d'un poids de plusieurs milliers de livres. Ces découvertes ne se borneroient pas même à changer la quantité d'air qui comprime la machine ; on pourroit varier encore la qualité de celui que nous respirons ; sur le côté de l'Etna & sur une très-haute montagne, il y en a un plus grand nombre d'espèces diverses, que dans un espace de 50 degrés de latitude. Pardonnez-moi cette digression ; la seule excuse que je puisse vous faire, est de promettre que mes Lettres n'en contiendront plus de semblable.

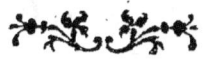

LETTRE XXIII.

Le Viceroi ; sa Table. Noblesse ; Tempérance de la Noblesse. Galanterie ; jeunes Femmes ; leur Education.

A Palerme, le 26 Juin 1770.

NOTRE attachement pour Palerme s'accroît de jour en jour, & nous voyons approcher avec regret le tems où nous ferons obligés de le quitter. Nous y connoissons plusieurs personnes d'un caractère aimable & sensible. Les Siciliens paroissent être francs & sincères, & leur politesse ne consiste pas en simagrées & en charlatanerie, comme celle de quelques Nations du Continent. Le Viceroi est le modèle de l'hospitalité, & le reste des Nobles imite son exemple. C'est un homme de mérite ; & je crois qu'il est aussi aimé & aussi estimé que peut l'être le

Viceroi d'un Monarque abfolu. Il a
voyagé en Angleterre dans fa jeuneffe, & il aime toujours paffionnément plufieurs de nos Auteurs qu'il
connoît à merveille ; il parle affez bien
notre Langue & il encourage fes fujets à l'apprendre. Il eft par rapport
à la Cour de Naples, ce qu'eft le Lord-
Lieutenant d'Irlande, relativement à
celle d'Angleterre, avec cette différence qu'il eft abfolu comme fon Maître, & qu'il tient fon Parlement (car
il en a un) dans la plus parfaite dé-
pendance. Les Patriotes, dont le corps
eft très-nombreux, n'ont jamais pu
rien gagner ni obtenir une place ou
une penfion pour ceux de leurs amis
qui font dans le befoin. Si le Lord
Townshend avoit le pouvoir du Marquis de Fogliano, je crois que vos
querelles d'Irlande dont nous enten-
dons parler jufqu'ici, feroient bientôt
terminées. Malgré fa grande autorité,
il eft extrêmement affable & très-fa-

milier, & il rend fa maifon agréable
à tout le monde. Nous allons fort fouvent dans fes affemblées & nous avons
dîné plufieurs fois avec lui ; fa table
eft fervie d'une manière élégante &
magnifique ; elle eft plus brillante que
celle du Roi de Naples qui mange fur
de la vaiffelle qui a plus de 300 ans
& qui eft noire & rouillée. Un jour
que nous étions à fon grand-couvert,
j'ai entendu quelqu'un qui demandoit
fi on ne l'avoit pas tirée des ruines
d'Herculanum. Celle du Viceroi eft
très-belle & le refte du feftin y répond ; mais nous n'avons encore rien
vu qui foit comparable au luxe du repas que nous fîmes à Agrigente dans
le grenier. La cuifine Sicilienne eft un
mélange de l'Efpagnole & de la Françoife ; & l'ail garde toujours fon rang
& fa dignité au centre de la table,
environné d'un cortège nombreux de
fricaffées, de fricandeaux, de ragoûts,
de *pets-de-loup*, comme un grave Ef-

pagnol au milieu de quelques petits Marquis fémillans. Les repas des autres Nobles chez qui nous avons eu occafion de manger, font auffi très-fomptueux en defferts & en glaces; on y en trouve un beaucoup plus grand nombre que je n'en ai jamais vu en aucun autre pays. Ils font extrêmement tempérés fur l'article du vin. Nous leur avons appris à boire à la fanté des Dames & à trinquer avec leurs ennemis; cette pratique fociale les animoit fi fort qu'ils buvoient plus qu'à l'ordinaire, & ils nous ont fouvent reproché de les avoir enyvrés. Ils ont beaucoup de frugalité dans leurs repas journaliers; & d'après la fobriété que nous avons remarquée dans cette Ville, nous fommes perfuadés de plus en plus que la fituation élevée d'Agrigente eft une des principales caufes de l'yvrognerie de fes habitans.

LES Siciliens ont toujours paſſé
pour être très-amoureux, & ce n'eſt
pas ſans raiſon. Tout le peuple ſe pique
de poëſie ; les payſans eux-mêmes com-
poſent des vers, & un homme fait
mal ſa cour à ſa maitreſſe, quand il
n'eſt pas en état de célébrer ſes louan-
ges. On croit communément que la
Poéſie paſtorale a pris naiſſance dans
cette Iſle ; & Théocrite qu'on ne ceſſe
de copier, eſt le modèle de cette partie de la littérature. En Muſique, ainſi
qu'en Poéſie, les petites pièces amou-
reuſes ſont ordinairement appellées
Siciliane : les amans ont coutume d'en
jouer tous les ſoirs ſous les fenêtres
de leurs maitreſſes, pour exprimer la
délicateſſe de leur paſſion ; mais les
ſérénades ne ſont plus à-préſent ſi à
la mode que lorſqu'ils avoient des liai-
ſons intimes avec l'Eſpagne. Un de
leurs Auteurs dit qu'alors un homme
ne paſſoit pas pour galant, s'il n'avoit

pas gagné un rhume, & qu'il étoit
fûr de ne pas voir couronner fon
amour, s'il ne faifoit pas fes déclara-
tions d'une voix rauque. Les Dames
ne font pas maintenant fi rigides ; elles
daignent quelquefois écouter un homme qui leur parle d'un ton clair, & elles
n'exigent plus ces exploits prodigieux
de chevalerie qui étoient jadis néceffaires pour en triompher. L'attaque
d'un taureau furieux, ou d'un farouche fanglier, étoit le plus beau compliment qu'un amant pût adreffer à
fa maitreffe ; & en tuant ces animaux,
il amolliffoit plus le cœur de fa belle,
que par tous les foupirs amoureux
qu'il auroit pu pouffer. Un de leurs
Poëtes a tourné ces ufages en ridicule
d'une manière comique. Il dit que la
petite flèche d'or de Cupidon eft chan-
gée en une lance maffive qui perce
le tendre cœur de la Dame en même-
tems que la peau dure du taureau.
Ces coutumes gothiques ne règnent

plus qu'en Espagne; & les aimables
Siciliens ont repris leur antique douceur. A vous dire le vrai, la galanterie eft à-peu-près ici fur le même
pied qu'en Italie; les figisbés font
très-communs, quoiqu'ils n'y foient pas
auffi nombreux que fur le Continent.
L'infidélité conjugale ne paffe plus
pour un péché mortel; & les con-
feffeurs trouvent des méthodes aifées
& affez plaifantes pour les faire expier. Les maris font contens; & comme les bons Généraux, ils fe con-
folent de la perte d'une place par la
prife d'une autre. Cependant la licence
des femmes n'eft pas portée auffi loin
qu'en Italie. Nous avons vu des familles heureufes, des maris & des
femmes qui s'aimoient véritablement
& qui prenoient plaifir à s'occuper
mutuellement de l'éducation de leurs
enfans. Je pourrois en citer beaucoup;
tels que le duc de Verdura, le prince
Partana, le comte Bufumi & plufieurs

autres qui vivent dans l'union la plus
intime. Il eſt rare de voir ce ſpectacle ſur le Continent ; mais la manière
dont on élève ici les jeunes perſonnes
paroît plus propre à faire des mariages heureux, que celle qu'on ſuit en
France & en Italie. Les demoiſelles ne
ſont point enfermées dans un couvent juſqu'au jour de leurs nôces ;
elles vivent la plupart chez leur
mere, où elles reçoivent leur éducation, & elles ſont tous les jours en
ſociété avec leurs amis & leurs parens. Par ce que j'ai pu voir, je crois
qu'on leur accorde autant de liberté
que parmi nous. Nous appercevons
ſouvent dans les grandes aſſemblées,
une cotterie de jeunes-gens des deux
ſexes, retirée dans un coin & s'amuſant
à des jeux, ſans que les meres en con-
çoivent la moindre inquiétude ; nous
nous mêlons quelquefois dans leurs
petites parties & nous les trouvons

extrêmement amuſantes. En général, ils ſont vifs & animés, & ils ont un certain nombre de jeux d'eſprit, qui dans tous les pays, me paroiſſent prouver que les jeunes perſonnes des deux ſexes ſe voient très-familière-ment. Tous ces amuſemens ſont inſi-pides, s'ils ne ſont pas aſſaiſonnés d'un peu de cet agent ſubtil & invi-ſible qui rend tout plus intéreſſant dans une ſociété compoſée de per-ſonnes des deux ſexes. Je n'ai jamais vu aucun de ces jeux en Italie, en Eſpagne & en Portugal ; j'en ai ap-perçu rarement en France : mais il y en a un nombre infini en Suiſſe, où l'on jouit de toute la liberté & de toute la familiarité poſſibles.

LETTRE XXIV.

Bagaria ; Palais du Prince Pala-
gonia.

A Palerme, le 28 Juin 1770.

Il y a deux petits cantons, l'un à l'Eſt, & l'autre à l'Oueſt de Palerme, où les principaux Nobles ont leurs maiſons de campagne. Nous les avons viſités tous les deux & nous y avons trouvé pluſieurs jolis châteaux. Le premier eſt appellé *la Bagaria*, & le ſecond *Il colle*. Nous revenons de *la Bagaria*, & je me hâte de vous informer des choſes ridicules que nous y avons vues ; mais peut-être ne m'en remercirez-vous pas.

Le palais du Prince de *** eſt, je crois, le plus beau & le plus magnifique de tous ; mais il eſt bien loin d'être le plus extraordinaire. Si j'en faifois la defcription, je vous parlerois de chofes communes à tous les autres pays ; & je ne vous entretiendrai que d'un autre château qui, fur tout le globe, eft affurément le feul de fon efpèce. Il appartient au prince de Palagonia, homme d'une fortune immenfe, qui a paffé toute fa vie à enfanter des monftres & des chimères infiniment plus ridicules & plus bizarres que tous ceux qui font jamais fortis de l'imagination des Romanciers ou des Auteurs qui ont compofé les aventures des Chevaliers errans.

LA multitude prodigieufe de ftatues qui environnent fa maifon, femblent être de loin une petite armée rangée en bataille pour fa défenfe ; mais lorfqu'on en approche & qu'on voit la figure de chacune, on croit être tranfporté dans un pays d'illufion & d'enchantement. Parmi ce grouppe immenfe,

immenfe, il n'y a pas une feule pièce
qui repréfente un objet exiftant dans
la nature ; & l'on n'eft pas moins étonné
du défordre de l'imagination folle qui en
inventa la forme, que de fa fécondité
merveilleufe. Je ferois un volume, fi
je vous décrivois en entier cette fcène
d'extravagance. Il a mis des têtes
d'hommes fur le corps de différens
animaux, & des têtes de toute forte
d'animaux fur des corps humains. Quelquefois il a fait une feule figure de cinq
ou fix animaux qui n'ont point de
modèle dans la nature. On voit une
tête de lion fur le col d'une oie,
avec le corps d'un lézard, les jambes
d'une chèvre & la queue d'un renard ;
fur le dos de ce monftre il en place
un autre encore plus hideux, qui a
cinq ou fix têtes & un grand nombre
de cornes. Il a raffemblé toutes les
cornes du monde ; & fon grand plaifir
eft de les voir toutes élevées fur la
même tête. Sa femme eft prête d'ac-

Tome II. G

coucher ; & plufieurs perfonnes de
Palerme nous ont affuré qu'il defire
fincérement qu'elle mette au jour un
monftre. Sa folie eft d'une étrange
forte , & il eft furprenant qu'il ne foit
pas enfermé depuis quelques années ;
mais il eft très - doux ; & en fatisfaifant fes caprices infenfés , il ne trou-
ble qui que ce foit. Il donne , au contraire , du pain à un grand nombre de
ftatuaires & autres ouvriers qu'il ré-
compenfe fuivant que leur imagination
fe rapproche plus ou moins de la fien-
ne , c'eft-à-dire , fuivant qu'ils produifent des monftres plus ou moins
affreux. Il feroit ennuyeux & fatigant
de vous détailler en particulier toutes
ces abfurdités. Les ftatues qui embellif-
fent ou plutôt qui défigurent la grande
avenue & bordent la cour du palais,
montent déja à 600 : on peut cependant dire avec vérité qu'il n'a point
transgreffé le fecond commandement
du décalogue ; car il n'y a pas une de ces

ſtatues qui reſſemble aux objets qu'on voit dans les cieux, ſur la terre & ſous les eaux. Son pere étoit un homme d'eſprit ; & les décorations qu'il avoit faites étoient d'un très-bon goût. Le fils-les a miſes en pièces pour faire place à ces nouveaux chef-d'œuvres, & elles ſont toutes entaſſées dans un coin.

Le dedans de ce château enchanté répond exactement au dehors : on retrouve par-tout la folie & la bizarrerie du Maître ; & de quelque côté qu'on ſe tourne, on apperçoit des figures originales. Quelques-uns des appartemens ſont très-vaſtes & magnifiques : on y voit des plafonds en grandes voûtes, qui au lieu de plâtre ou de ſtuc, ſont entièrement recouverts de larges miroirs joints enſemble très-exactement. Chacun de ces miroirs faiſant un petit angle avec ſon voiſin, ils produiſent l'effet d'un multipliandre ; de ſorte que ſi trois ou

quatre perfonnes fe promènent au-
deffous, il paroît toujours y en avoir
trois ou quatre cents qui marchent
dans la voûte. Toutes les portes font
auffi couvertes de petits morceaux de
glaces taillées fur les formes les plus
ridicules & entremêlées d'une grande
quantité de cryftaux & de verres de
différentes couleurs. Les chambranles,
les fenêtres & les encoignures font
garnis de pyramides & de colonnes,
de teyères, chandeliers, coupes, taffes,
faucières, cimentés enfemble. L'une
de ces colonnes a pour bafe un grand
pot de chambre de porcelaine, & un
cercle de jolis petits pots de fleurs
pour fon chapiteau. Le fût, qui a
plus de quatre pieds de long, eft compofé entièrement de cafetières de différentes grandeurs, & qui diminuent
par degrés depuis la bafe jufqu'au chapiteau. Vous ne pouvez pas imaginer
quelle eft la quantité de porcelaine
qu'on a employée pour former ces

colonnes : il n'y en a pas moins de quarante faites de cette manière & fur cet étrange modèle.

La plupart des chambres font parées de tables de marbre de différentes couleurs, qui reffemblent à autant de tombeaux. Quelques-unes font richement ornées de lapis-lazuli, de porphyre & d'autres pierres précieufes ; leur beau poli eft maintenant paffé, & elles reffemblent à du marbre ordinaire. En place de ces jolies tables, il en a mis en quelques endroits d'autres de fa propre invention, qui ne fònt pas fans mérite. Ce font de très-belles écailles de tortues mêlées avec de la nacre de perle, de l'yvoire & divers métaux.

Les fenêtres de ce château de Fée font compofées d'un grand nombre de verres de toute forte de couleurs, de bleu, de rouge, de verd, de jaune,

G 3

de pourpre & de violet, mêlés fans
ordre & fans régularité ; de façon que
pour voir le ciel & la terre fous la
couleur qu'on defire , il n'y a qu'à les
regarder à travers le panneau corref-
pondant de la fenêtre.

L'HORLOGE eft enfermée dans le
corps d'une ftatue , les yeux de la figure
fe meuvent avec le pendule , & elles
montrent alternativement le blanc &
le noir ; ce qui produit un effet hideux.

LA chambre à coucher & le cabinet
de toilette reffemblent à deux appartemens de l'arche de Noë ; le Prince y
a placé toutes fortes d'animaux , même
les plus vils : des crapauds , des gre-
nouilles , des ferpens , des lézards ,
des fcorpions , tous travaillés en marbre de différentes couleurs. Il y a auffi
plufieurs buftes qui ne font pas moins
fingulièrement imaginés. Quelques-

uns ont un très-beau profil d'un côté,
& de l'autre, ce n'est qu'un squelette.
Ici, vous voyez une nourrice qui tient
dans ses bras une figure dont le dos
est exactement celui d'un enfant, &
qui a le visage ridé d'une vieille femme
de quatre-vingt-dix ans.

On peut s'amuser pendant quelques
momens de ces folies; mais on est
bientôt pénétré d'indignation & de
mépris contre le propriétaire & l'inventeur de tant de monstres. J'avoue
que j'en ai bientôt été fatigué, quoiqu'il y eut des objets si bizarrement
conçus, que le cynique le plus rigide pardonneroit bien d'en rire un
peu.

Les bustes de famille sont très-
beaux; ils ont été exécutés d'après
quelques anciens portraits, & ils forment une suite respectable. Il les a
habillés de la tête aux pieds de nou-

veaux habits de marbre élégant ; ce
qui produit l'effet le plus ridicule que
vous puiffiez imaginer. Leurs fouliers
font tous de marbre noir ; les bas font
ordinairement en rouge ; les habits font
de diverfes couleurs, bleus, verds, &c.
avec un riche galon de jaune antique.
Les perruques des hommes & les
coëffures des femmes font de marbre
blanc, ainfi que leurs chemifes qui ont
de grandes manchettes flottantes d'albâtre. Les murs de la maifon font
couverts de plufieurs jolis bas-reliefs
de marbre blanc d'un bon goût ; comme il n'a pas pu les enlever ni les al-
térer, il n'a fait qu'y ajouter d'immenfes cadres : chaque cadre confifte
en quatre larges tables de marbre.

L'INVENTEUR & le propriétaire
de cette collection curieufe eft un petit
homme maigre que la bife fait friffon-
ner, & qui paroît craindre toutes les
perfonnes qui lui parlent ; mais ce qui

me furprit beaucoup, je l'entendis rai-
fonner affez bien fur plufieurs articles. C'eft un des plus riches habitans
de l'Ifle ; & on croit que fes monftres
& fes chimères ne lui ont pas coûté
moins de 460000 livres tournois. Il
auroit pu faire preuve de folie à meilleur marché. Cependant il nourrit
beaucoup de pauvres gens qu'il traite
en bon Maître.

SON hôtel de Palerme eft à-peu-
près dans le même goût que fa maifon de campagne ; fes voitures font
couvertes de grandes plaques d'airain ; de façon qu'elles font, je crois,
à l'épreuve des coups de fufil.

LE Gouvernement a penfé férieufement à abolir ce régiment de monftres qu'il a placés autour de fon château ; mais comme ce pauvre vifion-
naire eft humain & qu'il ne fait de

mal à perfonne, on n'a pas encore exécuté ce projet qui sûrement le réduiroit au tombeau. On dit que ce fpectacle a été pernicieux à plufieurs femmes groffes, & que quelques-unes font accouchées de monftres vivans. Les femmes fe plaignent de ne pouvoir plus fe promener au *Bagaria*, fans que des figures hideufes ne viennent troubler leur imagination quelque tems après ; & leurs maris, de leur côté, ne font pas contens du grand nombre de cornes qu'on y voit. Adieu ; je vous écrirai par le premier courier, parce que cette Capitale me fournit beaucoup de chofes intéreffantes à vous mander.

LETTRE XXV.

*Vent de Siroc ; Couvent de Capucins ;
leur Caveau ; Manière d'y conserver
les morts ; Adresse d'un valet Sicilien.*

A Palerme, le 30 Juin 1770.

CE qu'on dit ici du vent de Siroc
ou de Sud-Est, est vraiment étonnant.
Le thermomètre est à 79 degrés, &
nous nous plaignons aujourd'hui de la
chaleur ; mais on nous a assuré que
si nous restions dans ce pays jusqu'à
la fin du mois prochain, nous regar-
derions alors comme très-rafraîchissant
& très-agréable, ce tems que nous ne
pouvons supporter ; & que si nous
avions une fois senti l'ardeur du Siroc, tous les autres tems nous pa-
roîtroient modérés. Je demandai à
quel degré le thermomètre montoit
ordinairement pendant qu'il règne ;

mais je fus fort furpris d'apprendre qu'il n'y a pas ici un feul de ces infttru- mens : nos amis perfiftèrent à nous dire que fa chaleur étoit incroyable , & que ceux qui avoient demeuré plufieurs années en Efpagne & à Malthe , n'en avoient jamais éprouvé d'auffi incom- mode. On n'a pas encore expliqué pour- quoi ce vent eft plus chaud à Palerme que dans toutes les autres parties de la Sicile. On a écrit plufieurs Traités fur cette matière fingulière ; & il n'y en a aucun de fatisfaifant. Comme nous féjournerons encore long-tems ici, il eft poffible que nous trouvions une occafion favorable de vous en faire une defcription.

LES habitans de Palerme ont com- mencé il y a quelques femaines à faire des préparatifs pour la fête de fainte Rofalie ; & nos amis nous engagent à ne pas les quitter avant qu'elle foit finie ; mais nous craignons que ce projet ne foit impraticable. La faifon chaude s'approche ; & l'époque que nous avions fixée pour notre retour à Naples, eft déja paffée. Il eft vrai que Naples ne vaut pas la Sicile ; & fans les compatriotes que nous y avons laiffés, nous ferions un féjour plus long dans cette Ifle. Quoique la fociété foit ici meilleure que celle de Naples, cependant il y a dans le caractère, l'efprit & l'amitié de nos Anglois, une certaine confiance, un je ne fais quoi que je n'ai jamais trouvé fur le Continent, fi l'on en excepte la Suiffe. Vous traiterez cette affertion de préjugé ou de ce qu'il vous plaira ; mais je crois que le fait eft vrai. Ce fentiment qui fait le charme de la fociété & qui peut feul la rendre fupportable, eft caufé par quelque chofe d'analogue & de fympathique dans nos manières de voir & de fentir, ainfi que deux inftrumens qui font à l'uniffon, éprouvent les mêmes vibrations, lorfqu'on les touche l'un ou l'autre. La société est un concert ; si les instrumens ne sont pas d'accord, il n'y aura jamais d'harmonie ; & pour continuer la métaphore, cette harmonie doit être relevée & soutenue par des dissonances ; mais lorsque les dissonances prédominent, ce qui arrive souvent entre la trempe d'ame d'un Anglois & d'un Italien, la musique est assurément très-mauvaise. Avec combien de plaisir nous passerions l'hiver en Sicile, si nous avions quelques personnes de notre société particulière ! mais nous regrettons souvent les familles de M. Hamilton & de M. Walter, & nous desirons de regagner le Continent. C'est sur-tout à M. Hamilton que nous sommes redevables des agrémens dont nous jouissons ici ; nous ne pouvions être mieux introduits que par ses lettres de recommandation, & nous voyons par le zèle & la cordialité avec lesquels on les reçoit toujours, qu'on

a plus encore d'attachement & d'affection pour l'homme que de déférence & de refpect pour le Miniftre.

Nous fommes allés voir ce matin
un célèbre couvent de Capucins qui
eft à environ un mille hors de la Ville;
il ne s'y trouve rien de bien remarquable, fi ce n'eft un caveau très-curieux.
C'eft un vafte appartement fouterrein, partagé en larges galleries com-
modes, dans les murailles defquelles
on a fabriqué de chaque côté un grand
nombre de niches, comme fi on les
avoit deftinées à y raffembler des ftatues. Elles font toutes remplies de
corps morts, dreffés fur leurs jambes
& attachés par le dos à l'intérieur de
la niche. Il y en a environ trois cents;
ils font revêtus des habits qu'ils por-
toient ordinairement, & ils forment
une affemblée très-vénérable. La peau
& les mufcles préparés d'une certaine
manière, font devenus auffi fecs &

auffi durs qu'un morceau de *ftock-fifh* ; & quoique plufieurs y foient placés depuis plus de 250 ans , cependant il n'y a point encore de fquelettes. Les mufcles paroiffent feulement un peu plus retirés que dans d'autres, probablement parce que ces perfonnes étoient plus exténuées lors de leur mort.

LES habitans de Palerme viennent rendre ici des vifites journalières à leurs amis défunts , & ils rappellent avec un mélange de plaifir & de douleur, les incidens de leur vie paffée. Ils s'y familiarifent avec la mort & ils examinent d'avance la fociété qu'ils voudroient avoir dans l'autre monde. Il eft très-commun de les voir choifir leur niche & effayer fi leur corps peut y entrer, afin qu'il n'y ait point de changement à faire lorfqu'ils en auront befoin ; & quelquefois par manière de pénitence volontaire, ils s'accoutument à s'y tenir

nir debout pendant quelques heures.

LES cadavres des Princes & des
Nobles de diftinction font dépofés
dans de très-belles caiffes dont quelques – unes font richément déco-
rées ; elles ne font point conftruites
comme nos bières ; mais leur largeur
eft pourtant la même, & elles ont
environ un pied & demi à deux pieds
de profondeur. Les clefs font entre
les mains des plus proches parens du
mort, & toute la famille y vient quelquefois verfer des larmes fur fon tombeau.

JE ne fais point fi une telle manière
de difpofer des morts n'eft pas meilleure que la nôtre ; mais ces vifites peuvent fournir des leçons admirables d'hu-
manité ; & je vous affure que ce ne
font pas des objets auffi hideux que vous
l'imagineriez. On dit que les corps con-

Tome II. H

servent, plusieurs siècles après leur
mort, la forme de visage qu'ils avoient
lorsqu'ils étoient en vie ; & dès qu'on
est revenu des premieres impressions
que font naître ces figures, on ne
regarde plus ce caveau que comme
une vaste gallerie de portraits origi-
naux ; faits après la mort, par le
peintre le plus fidèle. Il faut convenir
que les couleurs font un peu fanées
& que le pinceau n'a pas été flat-
teur ; mais il n'importe ; c'est le
pinceau de la vérité, & non celui
d'un mercénaire qui ne veut que plaire
& gagner de l'argent. Ces Catacombes pourroient procurer des avantages considérables à la société ; & ces
orateurs muets pourroient faire à l'orgueil & à la vanité les sermons les plus
patéthiques. Lorsqu'un homme commence à s'enorgueillir & à prendre un
air de fierté, on devroit l'envoyer sur
le champ converser avec ses amis de
la gallerie ; & si leurs argumens ne

changent pas fa façon de penfer, il faudroit l'abandonner comme incorri-gible.

On nous montra à Bologne le fque-lette d'une célèbre beauté qui mourut dans un âge où elle excitoit l'admiration univerfelle. Afin d'expier fa vanité, elle légua fon cadavre comme un mo-nument capable de corriger celle des autres. Se rappellant au lit de la mort les adorations qu'on avoit prodiguées à fes charmes, & le changement fatal qu'ils alloient fubir, elle ordonna que fon corps feroit découpé & fes os ex-pofés aux yeux de toutes les jeunes perfonnes qui feroient vaines de leur figure. Cependant fi elle avoit été con-fervée dans cette gallerie morale, la leçon auroit encore été plus frappante; car ces traits qui avoient excité fon orgueil, fubfifteroient toujours, mais dépouillés de leur puiffance & de leur beauté.

QUELQUES-UNS des Capucins couchent toutes les nuits dans ces galleries, & ils prétendent avoir des visions & des révélations merveilleuses auxquelles très-peu de personnes daignent ajouter foi.

AUCUNE femme morte ou vivante n'eft jamais admife dans ce couvent ; & cette interdiction eft gravée en gros caractères fur la porte. Les pauvres Capucins ont grand befoin de toutes ces précautions ; comme ils n'ont point d'occupation avec peu de reffources dans leur efprit, ils fuccomberoient aifément aux moindres tentations.

DÈS que nous eûmes quitté le couvent des Capucins, notre voiture fe brifa. Nous étions encore fort éloignés de la Ville ; & comme la promenade à pied eft deshonorante à Palerme, ainfi qu'à Naples, nous manquâmes, par cet accident, de perdre l'honneur de notre

rang. Cependant Philippe, notre valet Sicilien, eut soin de faire tant de
bruit dans les environs, que notre dignité n'en souffrit pas beaucoup. Il
se tenoit à peu de distance devant
nous, en pestant & jurant tout le long
du chemin, contre les maudites voitures pourries du pays. Il crioit à haute
voix, qu'il n'y avoit rien de si infâme
dans le monde, que de voir à Palerme,
la Capitale de toute la Sicile, des *Si-*
gnori comme nous obligés de marcher
à pied, & que la Ville ne se laveroit
jamais de cette tache. Il demandoit à
toutes les personnes qu'il rencontroit,
si on ne pouvoit point avoir de carrosse ou d'autre voiture pour de l'argent. A peine étions-nous arrivés au
milieu de la rue, que plusieurs gentilshommes de notre connoissance nous
offrirent la leur; ils prenoient beaucoup de part à l'affront que nous avions
essuyé, & ils étoient fort surpris de
ce que nous n'avions pas mieux aimé

H 3

envoyer un domeſtique chercher une autre voiture & attendre ſon retour expoſés à la chaleur brûlante du ſoleil.

CE n'eſt pas la ſeule fois que l'eſprit fertile de Philippe nous a été utile en pareilles occaſions. Nous fûmes mécontens il y a quelques jours de notre cocher, & nous le renvoyâmes. Il ne nous en avoit pas encore procuré un autre, & malheureuſement nous avions promis d'aller à une grande aſſemblée. Que faire ? Si nous avions encore marché à pied, nous aurions été deshonorés pour jamais. Cependant on ne pouvoit point trouver de voiture ; & notre ancien cocher n'auroit pas voulu nous ſervir encore une nuit. Philippe étoit triſte & juroit ; mais quand il vit que nous étions contraints de nous mettre en route ſur nos jambes, il ſe trouva dans un plus grand embarras ; & je crois réellement que ſi nous avions été découverts, il nous auroit quittés le lendemain. Son imagination cher-cha donc comment il pourroit con-ferver l'honneur de fon maître & fa place. Il héfita d'abord à prendre le flambeau ; mais il ne voulut jamais l'allumer. » Quoi, dit-il, penfez-vous » que je m'intérefle affez peu à ce qui » vous regarde , pour vous expofer, » dans l'état où vous êtes , aux yeux » de toute la Ville ? Non, non, Mef-» fieurs, fi vous voulez vous desho-» norer , vous ne me forcerez pas » du moins à y contribuer. Souvenez-» vous que fi l'on vous voit à pied , » perfonne ne croira que vous avez un » carrofle, & avifez-vous, après cela, de » fréquenter bonne compagnie. Je lui » répondis : fort bien, Philippe, faites » comme il vous plaira ; mais il faut » que nous allions à la converfation «. Il hauffa les épaules, en difant, » *Dia-* » *bolo , che faremo ! andiamo dunque*

H 4

» *Signori*, *andiamo* «. Il se mit à marcher, & nous le suivîmes.

PHILIPPE avoit étudié la Topographie de la Ville ; il nous conduisit à travers des passages peu fréquentés, & il évita soigneusement la grande rue. Enfin nous arrivâmes à une petite entrée qui conduisoit aux appartémens de l'assemblée & où les voitures s'arrêtent ordinairement. Nous nous glissâmes doucement à l'aide des ténèbres. Philippe sautant dans une boutique, alluma son flambeau dans un instant ; il revint devant nous, en criant, » *piazza per gli Signori for-* » *restieri* « ; & à l'instant, tout le monde nous fit place. Dès que nous fûmes entrés dans les salles, il nous demanda à si haute voix à quelle heure reviendroit le carrosse, que déconcertés par l'envie de rire & la supercherie à laquelle nous avions pris part, aucun

de nous n'eut la force de répondre,
Philippe nous suivit & il répéta la
question si souvent, que nous fûmes
obligés de lui dire, *à mezza notte*. A
minuit, il vint nous avertir que le
carrosse étoit prêt. Nous étions curieux de voir comment il se tireroit
de ce nouveau pas; car il étoit bien
plus difficile de sortir que d'entrer sans
être apperçu; mais son génie triom-
pha de nouveau. Dès que nous fûmes
dans le vestibule, il courut à la porte &
appella *Antonio* de toutes ses forces.
Antoine ne répondoit pas; & malheureusement nous étions à côté d'un
grand nombre de gentilshommes &
de Dames qui s'en alloient en même-
tems. Ils eurent l'honnêteté de nous
inviter comme étrangers à monter les
premiers en voiture, & ils refusèrent
absolument de passer devant nous. Philippe étoit cruellement embarrassé. Il
courut tout de suite à la rue & revint
tout hors d'haleine en maudissant An-

toine. » Ce coquin, dit-il, n'eſt ja-
» mais dans le rang, & vous de-
» vriez le renvoyer. Il prétend qu'il
» n'a pas pu faire avancer ſon carroſſe
» juſqu'à la porte, à cauſe du grand
» nombre de voitures, & il vous at-
» tend à cinquante pas au-deſſous. *Sue*
» *Excellenƶe* feront bien, ajouta-t-il,
» d'aller à pied juſques-là; autrement
» vous ferez obligés d'attendre une
» demi-heure «. Nous prîmes congé
de la compagnie & nous partîmes.
Philippe marchoit devant nous avec
ſon flambeau, juſqu'à ce qu'il eut
preſque paſſé les voitures; & alors
l'éteignant à terre, comme ſi cela lui
fût arrivé par hazard, il entra dans
une ruelle étroite & nous attendit.
Quand nous l'eûmes joint, il nous dit
à l'oreille de le ſuivre. Il nous recon-
duiſit par le même labyrinthe par lequel il nous avoit amenés, & il nous
ſauva ainſi d'un opprobre éternel. Cependant il nous aſſura que déſormais

il ne fe hazarderoit plus à perdre fa place.

QUE penfez-vous d'une Nation où dominent des préjugés comme ceux-ci? Il en eft à-peu-près ainfi dans toute l'Italie. Un noble Italien rougit de fe fervir de fes jambes plus que de toute autre chofe ; il croit que fa dignité augmente par le repos de fes membres, & qu'un homme ne peut point être refpectable, s'il ne fe fait pas bercer la moitié de fa vie fur un fopha ou dans une voiture. En un mot on eft obligé d'être indolent & efféminé pour ne pas être méprifé & ridicule. Que peut-on attendre d'une pareille Nation ? Ces peuples qui font confus de paroître hommes, feront-ils jamais de grandes chofes ? J'avoue que je ne comprends pas comment cela eft poffible. Croirez-vous que de tous les hommes que j'ai vus en Italie, j'en ai trouvé à peine une demi-douzaine

qui euffent eu affez de courage pour
fubjuguer ce vil & ignominieux préjugé. Le prince Campo-Franco qui
vit en cette Ville, eft fort au-deffus
de ces foibleffes. C'eft un homme fenfé
qui rit des folies de fon pays & qui a
pour l'opinion le mépris dont elle eft
digne. Il m'a dit, en parlant fur cette
matiére, » que penferoient les anciens
» Romains, fi on leur permettoit de
» jetter un coup d'œil fur leurs def-
» cendans ? J'aimerois à voir Caffius
» & Brutus paffer un peu de tems
» parmi nous. Combien on les hue-
» roit comme des gens du vulgaire !
» Je fuis fûr qu'ils feroient fort pref-
» fés de retourner dans le féjour des
» ombres «.

Adieu. Nous obfervons depuis
quelques foirs une comète ; & parce
que nous fommes les premières perfonnes ici qui l'ayons apperçue, on
nous regarde comme de très-favans

Aftronomes. Je vous en parlerai plus
au long dans la Lettre fuivante. Nous
avons quitté notre déteftable auberge
& nous avons fait nos derniers adieux
à notre hôteffe Françoife. Le comte
Bushemi, jeune homme très-aimable,
a bien voulu nous procurer fur les
bords de la mer, un logement qui eft
un des plus agréables & des plus frais
de Palerme.

LETTRE XXVI.

Defcription d'une Comète ; Réflexions.

A Palerme, le 2 Juillet 1770.

NOTRE comète ne paroît plus ; nous
l'obfervâmes le 24 pour la premiere
fois : elle n'avoit point de queue ; mais
elle étoit environnée d'une lueur foible
& mal terminée qui la faifoit reffembler
à une étoile brillant à travers un léger nuage. Il eft probable que cet

effet eft caufé par un atmofphère qui
eft autour du corps de la comète ; ce
qui occafionne une réfraction dans les
rayons de lumière & nous empêche
de les recevoir auffi diftinctement que
ceux qui viennent des corps qui n'ont
point d'atmofphère. Notre opinion fe
confirma de plus en plus, il y a deux
jours, lorfque nous eûmes le bonheur
d'appercevoir la comète à l'inftant où
elle paffoit tout près d'une petite étoile
fixe ; la lumière de l'étoile étoit con-
fidérablement obfcurcie, & nous y
remarquâmes d'ailleurs un changement fenfible de place, dès que fes
rayons tombèrent dans l'atmofphère de
la comète. La réfraction qu'ils avoient
éprouvée, en étoit fans doute la
caufe. Nous avons entrepris de tracer
la ligne que décrivoit la comète dans fa
courfe, mais comme nous n'avons pas
pu trouver de globe célefte, il n'a pas
été poffible de le faire avec quelque
degré de précifion. Elle avoit fa di-

rection au Nord & elle marchoit d'une vîteffe furprenante. Nous ne l'obfer-vâmes pas fi exactement les deux ou trois premieres nuits qu'elle parut ; mais le 30, à cinq minutes après minuit, elle étoit à notre zénith : nous fommes ici à 38 d. 10 m. de latitude & au 13 d. de longitude du méridien de Londres ; & hier, premier Juillet, elle paffoit à huit heures quarante minutes, à en-viron 4 degrés à l'Eft de l'étoile po-laire ; de forte qu'en moins de vingt-quatre heures, elle a décrit dans le ciel un grand arc de plus de cinquante degrés ; ce qui fuppofe une vîteffe inconcevable. En la fuppofant à la diftance du foleil, elle feroit le tour de la terre en moins d'une femaine ; elle parcoureroit, par conféquent, plus de foixante millions de milles par jour, vîteffe que l'efprit de l'homme ne peut comprendre. Comme elle con-tinue à s'accroître, combien plus pro-digieufe doit-elle être encore, lorfque

la comète approche plus près du corps
du foleil ! La nuit derniere, on la voyoit
clairement changer de place dans l'efpace de quelques minutes, fur-tout
lorfqu'elle paffoit près de quelqu'une
des étoiles fixes. Nous tâchâmes de
découvrir fi elle avoit une parallaxe
qu'on pût obferver ; mais l'étonnante
rapidité de fon mouvement nous en
empêcha ; car quoiqu'elle fe trouvât à
l'horifon près de quelques étoiles fixes,
elle s'en éloignoit tellement vers le
Nord, avant d'avoir atteint le méridien, que s'il y avoit quelque parallaxe, elle nous échappoit entièrement.
Je defire beaucoup de voir vos obfervations fur cette comète & celles qui
ont été faites en d'autres pays éloignés ;
d'après ces réfultats, nous pourrons
probablement connoître fa diftance
de la terre. Je fuis porté à croire
qu'elle n'étoit pas fort grande, quoique nous n'ayons point obfervé de
parallaxe, puifqu'on s'appercevoit fi

                                    aifément

aifément de fon mouvement. Nous ne pûmes pas nous procurer des inf- trumens pour mefurer fa diftance ap- parente de quelques-unes des étoiles fixes ; de forte que les feules de nos ob- fervations dont on puiffe tirer quelque profit, font celles du tems de fon paffage à l'étoile polaire dans la nuit dernière, & celle de la diftance de cette étoile & du tems de fon arrivée à notre zénith le 30 ; nous fîmes cette dernière obfer- vation en appliquant l'œil au bout d'un bâton droit, fufpendu perpendiculai- rement par un fil. La comète n'étoit pas exactement au point du zénith, mais à environ fix ou fept minutes au Nord, fuivant ce que nous avons pu en juger. Il étoit alors précifément minuit cinq minutes. Hier au foir, elle fut vifible prefque immédiatement après le coucher du foleil ; long-tems avant que les étoiles fixes parûffent. Elle eft à-préfent plongée dans les

Tome II. I

rayons du foleil, & elle s'eft certainement fort approchée de fon difque. Si
elle revient dans les régions vifibles,
on la reverra probablement d'ici à
quelques jours ; mais j'avoue que je
doute beaucoup de ce retour, fi c'eft
réellement par la force attractive du
foleil qu'elle eft à-préfent emportée
vers lui avec un vîteffe fi étonnante.
C'eft la troifieme comète de cette efpèce dont j'ai eu occafion d'épier le
retour, & je n'ai jamais eu le bonheur
de les revoir après qu'elles ont eu dé-
paffé le foleil. Celles qui ont un retour paroiffent alors beaucoup plus lu-
mineufes qu'avant d'approcher de cet
aftre. L'aftronomie des comètes eft
remplie de très-grandes difficultés, &
même en apparence, de quelques abfurdités. Il eft fort difficile de concevoir comment ces corps immenfes,
attirés vers le foleil avec tant de vîteffe qu'ils parcourent un million de

milles par heure, s'en éloignent avec
la même vîteſſe & par la force du
même mouvement produit par ſon attraction, dès qu'ils ſont preſque ve-
nus à le toucher. Je me ſouviens que
la démonſtràtion de ce fait eſt très-
ingénieuſe ; mais je ſouhaite qu'il n'y entre point de ſophiſme. Sans doute dans
les corps qui parcourent des courbes
autour d'un centre fixe, le mouvement centrifuge augmente en proportion de l'accroiſſement du mouvement
centripète ; & il n'eſt pas aiſé de voir
comment ce mouvement qui n'eſt produit que par le ſecond, le ſurmonte à
la fin lors même qu'il a acquis ſa
plus grande énergie. C'eſt le ſeul
exemple que je connoiſſe, où l'effet augmente régulièrement avec la
cauſe, & la ſurmonte lorſqu'elle agit
avec le plus de vigueur. Par quelle
puiſſance cette comète que le ſoleil attiroit d'une manière ſi rapide, s'en éloi-

gne-t-elle avec la même rapidité ? Nos
Philofophes diront peut-être que c'eft
par l'action même de cette attraction
qui a produit une nouvelle puiffance
fupérieure à elle-même, favoir la force
centrifuge. On répondra fans doute un
jour à toutes ces objections ; & je ne
m'aviferai pas d'attaquer un fyftême
auffi glorieux que celui de l'attraction.
On regarde comme démontrée la loi
qui doit être fuivie par les corps cé-
leftes qui décrivent des aires égaux
dans des tems égaux ; & il femble
par-là que les forces centripète & centrifuge fe furmontent tour à tour.

CEPENDANT il eft toujours difficile de concevoir que la gravité l'emporte fur la force centrifuge, lors
même que fon action eft plus petite,
quand la comète eft à fa plus grande
diftance du foleil, & que la force centrifuge furmonte toujours la gravité,

alors que fon action eft la plus forte,
c'eft-à-dire, quand la comète eft au
point le plus proche du foleil.

Un obfervateur commun croira plutôt que le foleil, comme un corps électrique, après qu'il a une fois couvert
les objets qu'il attiroit de fes effluences
ou de fon atmofphère, perd peu-à-peu
fon attraction, & enfin les repouffe,
& que la force d'attraction femblable
à celle que nous obfervons dans l'électricité, ne reparoît pas avant que les
effluences émanées du corps attirant ne
foient diffipées; alors l'attraction re-
commence, & ainfi alternativement.
Il paroît un peu contraire à la raifon
de dire qu'un corps parcourant plufieurs milliers de milles en s'éloignant
d'un autre corps, foit toujours fortement attiré par celui ci, & que c'eft
même en vertu de cette attraction qu'il
s'écarte. On pourroit demander ce

qu'il arriveroit de plus , fi au contraire
il étoit repouffé.

SI le fyftême de l'électricité, de
l'attraction & de la répulfion avoit été
connu dans le dernier fiècle , je fuis
perfuadé que le profond génie de Newton en auroit profité , & que peut-
être il auroit expliqué d'une manière
plus fatisfaifante quelques-uns des
grands phénomènes de la nature. Suivant ce que je puis me rappeller ,
nous ne connoiffons point de corps ,
qui poffédant à un certain degré la
force d'attraction , ne foit pas auffi doué
en certaines circonftances de la puiffance de la répulfion. L'aimant, la
tourmaline , l'ambre , le verre & toutes les autres fubftances électriques
font des preuves de cette affertion.
En raifonnant par analogie , pourquoi
ne fuppoferoit-on pas que le foleil qui
a une fi grande force d'attraction , en a

auffi une de répulfion ? Les Newtoniens paroiffent avouer qu'il eft doué de cette puiffance & que même elle eft prodigieufe ; car ils affurent qu'il repouffe les rayons de lumière avec tant de vigueur, qu'ils parcourent plus de 80 millions de milles en fept minutes. Or pourquoi borner cette répulfion aux feuls rayons de lumière, puifqu'ils font matériels ? D'autres corps rapprochés du corps de cet aftre, ne peuvent-ils pas être affectés de la même manière ? Il eft vrai qu'on pourra objecter que le mouvement des rayons de lumière repouffera ces nouvelles matières avec violence, & que la force qui les détache du foleil, empêcheroit efficacement tout autre corps d'en approcher ; l'on fait que c'eft l'effet ordinaire d'un courant rapide, quel qu'il foit. Mais examinons plus en détail l'influence de ces rayons de lumière fur les comètes. Les queues de ces

I 4

corps font probablement leurs atmofphères rendus extrêmement électriques, ou par la vîteffe de leur mouvement, ou par leur proximité du
foleil. De tous les corps que nous
connoiffons, il n'y en a point qui foient
dans un état d'électricité auffi conti-
nuel & auffi fort que les régions les
plus élevées de notre atmofphère. Je
fuis convaincu depuis long-tems de
cette vérité; car en faifant monter en
l'air, feulement à la hauteur de 12 ou
1300 pieds, un cerf-volant furmonté
d'un fil d'archal, il produira du feu
dans tous les tems, ainfi que je l'ai
vérifié par de fréquentes expériences. J'ai été quelquefois témoin de ce
fait lorfque le tems étoit parfaitement clair & qu'il n'y avoit pas un
nuage dans l'atmofphère; d'autres fois,
lorfqu'il étoit fombre & brumeux, &
tel qu'on ne pouvoit pas faire des
opérations d'électricité, puifque cela

arrive à une fi petite hauteur, & que
cet effet devient plus fort, à mefure
que le cerf-volant avance, (car j'ai
obfervé qu'une petite bouffée de vent
élevant tout-à-coup le cerf-volant d'environ 100 pieds, il faifoit jaillir un
feu deux fois plus grand) on peut juger combien l'air eft électrique dans
les régions fort élevées. On peut le
remarquer fouvent en confidérant la
violence avec laquelle les nuages s'a-
gitent, les météores formés au-deffus
de la région des nuages, & en particulier l'aurore boréale, dont la couleur & l'apparence reffemblent à la
matière qui forme la queue des comètes.

Or un corps auffi vafte que notre
atmofphère, fort électrique, approchant de quelqu'autre corps, doit toujours être attiré ou repouffé fortement, fuivant la qualité pofitive ou

négative du corps qui l'approche. Ex-
cufez-moi fi je parle ici le langage des
Phyficiens.

On a toujours obfervé que les queues
des comètes fuivent le corps des comètes, tant qu'elles font éloignées du
foleil, ainfi qu'on auroit lieu de l'attendre d'un fluide très-léger, attaché
à un corps folide & pefant; mais dès
que la comète approche du foleil,
la queue change de direction & va au
côté de la comète qui lui eft oppofé.
Elle ne fuit plus la comète; elle continue fon mouvement de côté & oppofe toute fa longueur au milieu par
lequel elle paffe, plutôt que d'approcher en aucune manière du foleil.
On remarque cependant qu'elle tend
encore à fuivre le corps de la comète
& que cette tendance eft arrêtée par
quelque force fupérieure; car on voit
toujours que la queue fe plie un peu

vers le côté d'où s'éloigne la comète.
Ceci prouve peut-être qu'elle ne fe
meut pas dans un vuide abfolu.

Lorsque la comète a atteint fon
périhélie, la queue eft ordinairement
fort allongée; ce qui provient peut-
être de la raréfaction produite par la
chaleur, ou de l'accroiffement de la
répulfion du foleil, ou de celle de fon
atmofphère. Elle fe projette toujours
dans la direction exactement, oppofée
à celle de cet aftre; & quand la comète rentre dans les régions de l'efpace, la queue, au lieu de la fuivre,
comme elle faifoit à fon approche, eft
projettée fort en avant & laiffe toujours le corps de la comète entr'elle
& le foleil, jufqu'à ce que fa longueur
diminue par degrés, à mefure que la
diftance augmente, la force de répulfion devenant probablement de plus en
plus foible.

ON a auſſi remarqué que la queue
eſt ordinairement d'autant plus longue
que la comète eſt plus près du ſoleil.
Celle de mil ſix cent quatre-vingt formoit une traînée qui auroit preſque
touché du ſoleil à la terre. Si le ſoleil
avoit attiré ce corps, ne l'auroit-il pas
fait tomber ſur ſon diſque, lorſque la
comète n'étoit pas éloignée de lui du
quart de ſon diamètre ? Elle fut au
contraire jettée dans le côté oppoſé
du ciel, avec une vîteſſe beaucoup
plus grande que ſa vîteſſe naturelle.
Quelle cauſe pourroit produire cet
effet, ſi ce n'eſt la puiſſance répulſive .du ſoleil ou de ſon atmoſphère ?

IL ne paroît pas d'abord moins abſurde de dire que la queue de la comète eſt, pendant tout ce tems, atti-
rée fortement par le ſoleil, quoiqu'elle
ſoit chaſſée dans une direction qui lui

eſt oppoſée, que d'affirmer la même
choſe de la comète. Il eſt vrai que
cette répulſion ſemble commencer à
affecter beaucoup plutôt la queue que
le corps de la comète qui eſt toujours
ſuppoſée avoir dépaſſé le ſoleil, avant
qu'elle commence à s'en écarter, ce
qui n'arrive pas à la queue. La force
répulſive, s'il y en a une, eſt donc
dans une proportion beaucoup moins
grande que la force d'attraction, &
probablement elle ne peut que con-
trebalancer la dernière, lorſque ces
corps ſont dans leurs périhélies, & les
rejetter aſſez de côté pour les empêcher de tomber ſur le diſque du ſoleil.
La force projectile qu'ils ont acquiſe,
les porteroit alors dans l'eſpace des
cieux ; mais la répulſion diminuant
probablement à meſure qu'ils s'éloignent de l'atmoſphère du ſoleil, l'attraction en reprend la place & retarde
leur mouvement d'une manière règu-

lière, jufqu'à ce qu'ils arrivent à leur aphélie; & alors ils commencent de nouveau à retourner vers cet aftre.

JE ne fais pas fi vous goûterez tout ceci. Notre comète m'a engagé dans une digreffion à laquelle je penfois peu, & je crois que j'aurois mieux fait de l'envoyer tout d'un coup dans le foleil & de m'en débarraffer. Je penfe que ce fera un jour fon fort; car comme elle n'a point de queue, il n'y a par conféquent point de répulfion apparente. Si elle étoit repouffée, fon atmofphère feroit entraînée comme les autres, vers une direction oppofée à celle du foleil; je ne vois donc pas pour elle de moyen poffible de s'échapper.

CES comètes font fûrement des corps d'une nature très - différente de celles qui ont des queues & auxquelles elles paroiffent moins reffembler qu'aux planètes ; & ce qui prouve combien nous avons encore fait peu de progrès dans la connoiffance du ciel, c'eft qu'on ne les a pas encore diftinguées par divers noms.

LES comètes font la troifieme efpèce de corps qu'on a découverts dans notre fyftême planétaire, qui paroiffent tous différer effentiellement l'un de l'autre ; chacun d'eux eft probablement réglé par fes propres loix & deftiné à des ufages particuliers. Combien la poftérité fera étonnée de notre ignorance, & de voir que le genre humain a exifté des milliers d'années fans connoître la moitié des grands corps de la nature !

JE ne doute pas que dans les fiècles futurs, le nombre des comètes, la forme de leurs orbites & les tems de leurs révolutions ne foient démon-

trés auffi clairement que ceux des planètes. Notre compatriote, le D. Hal-
ley, a commencé le premier ce grand
ouvrage qui eft encore dans l'enfance.
La place de ces comètes qui ont des
atmofphères épaiffes & point de queues,
fera probablement déterminée, & on
ne les confondra plus avec des corps
auxquels ils ne reffemblent point.

Les comètes à queues n'ont gueres
été vifibles que lorfqu'elles s'éloignent
du foleil ; c'eft cet aftre qui les allume
& leur donne un afpect menaçant. Au
contraire, on n'a prefque jamais obfervé celles qui n'ont point de queues,
que quand elles en approchent. Je ne
fais pas même fi on a remarqué le contraire une feule fois. Je ne me fouviens
d'aucune dont le retour ait été fixé
avec quelque degré de précifion. Je me
rappelle cependant qu'on parla il y a
quelques années d'une petite qui avoit
été découverte à l'aide d'un télefcope,

après

après qu'elle eut dépassé le soleil , & qu'on ne revit plus à l'œil nud. Il est aisé de faire cette assertion , & personne ne peut la contredire ; mais il n'est point du tout probable que la comète fût beaucoup moins lumineuse après avoir dépassé le soleil qu'avant qu'elle en approchât. Je vous avouerai que lorsque j'entends dire que le retour des comètes a échappé aux yeux des Astronomes les plus éclairés , je suis porté à croire qu'elles n'en ont aucun & qu'elles sont absorbées par le disque du soleil ; & en effet leur mouvement violent vers lui semble l'indiquer. J'ai souvent desiré qu'on vérifiât cette idée , parce qu'elle rendroit compte en quelque manière du problême suivant , qu'on a regardé comme inexplicable. Pourquoi la grosseur & la lumière du soleil ne paroissent-elles pas diminuer , quoique chaque jour il perde de sa substance en éclairant l'Univers ? Cette consom-

Tome II.   K

mation doit être immenfe ; & s'il n'y
a pas dans la nature quelque magafin
caché qui y fourniffe, les planètes auroient dû s'en éloigner davantage par
la diminution confidérable qui fe feroit
faite dans la force qui les attire. En
fuppofant que le monde n'exifte que
depuis fix mille ans, elles fe feroient
mûes plus lentement ; & par conféquent la longueur de notre année auroit fort augmenté. Tout cela ne femble pas être arrivé : le diamètre du
foleil eft toujours le même ; il ne paroît pas qu'il ait diminué & que nous
foyons plus éloignés de lui qu'autrefois. Sa lumière, fa chaleur & fon
attraction ne femblent pas avoir changé ; & le mouvement des planètes autour de lui fe fait dans le même tems ;
d'où il fuit qu'il a toujours la même
quantité de matière. Comment donc
cette perte fe répare-t-elle ? N'attire-
t-il pas des régions immenfes de l'efpace des corps que nous n'apperce-

vons jamais ? On a découvert plu—
fieurs fois à l'aide des télefcopes, des
comètes qui s'avançoient vers lui &
qu'on ne voyoit point à l'œil. Le
grand nombre de taches noires du foleil femblent indiquer qu'il élabore
toujours une certaine quantité de
matière obfcure & qui n'eft pas encore affez rafinée & affez purifiée pour
lancer des rayons de lumière comme
le refte de fon corps. Il me paroît
difficile de concevoir qu'une matière
quelconque puiffe refter long-tems fûr
le corps du foleil fans devenir lumi-
neufe ; ainfi nous voyons fouvent ces
taches difparoître, c'eft-à-dire que la
matière dont elles font compofées eft
alors parfaitement fondue, & qu'elle
a acquis le même degré de chaleur &
de lumière que le refte de l'aftre.
Dans nos verreries & nos fournaifes
très-chaudes, plufieurs fortes de matières acquièrent la même couleur &
la même apparence que la matière en

fufion & lancent des rayons de lumière femblables. On peut juger de ce qui doit arriver dans le foleil, d'après le calcul de Newton, qui a trouvé qu'un corps placé à plufieurs milliers de milles de cet aftre, acquéroit un degré de chaleur vingt milles fois plus grand que celui d'un fer rouge. On a cru ordinairement que Newton avoit dit que la grande comète avoit réellement ce degré de chaleur; mais on fe trompe : ce célèbre Philofophe affure feulement qu'elle auroit pu l'acquérir. Si nous confidérons la grandeur énorme de ce corps & le peu de tems de fon périhélie, la chofe paroîtra impoffible; & il me femble difficile de concevoir qu'un corps qui ne feroit que de la groffeur de notre terre, puiffe être réduit en fufion fur la furface du foleil, fi ce n'eft après un efpace de tems très-confidérable : on fait cependant que fes tachés font fouvent beaucoup plus grandes.

PUISQUE tous les Philofophes
fuppofent donc que les rayons de lumière font réellement des particules
de matière qui fortent du corps du
foleil, il faut abfolument qu'il recou-
vre d'ailleurs une nouvelle matière ;
autrement il devroit s'épuifer.

JE voudrois que les Aftronomes
obfervaffent fi les taches du foleil ne
font pas augmentées après l'appari-
tion des comètes, & fi ces taches ne
difparoiffent pas peu-à-peu, comme
un corps qui fe fond graduellement
dans une fournaife. Il y a une autre
réflexion qui fe préfente naturellement à l'efprit. Que devient cette
prodigieufe quantité de matière après
qu'elle eft réduite en lumière ? Se réu-
nit-elle de nouveau au corps folide,
ou eft-elle pour jamais perdue & diffi-
pée après qu'elle eft arrivée du foleil
à l'objet qu'elle éclaire ? Il eft un peu
furprenant que toute cette matière,

K 3

qui pénètre & remplit l'Univers, semble anéantie dans un inftant, dès que
nous fommes privés de la lumière du
foleil. En un mot la théorie de la
lumière, telle qu'on l'enfeigne ordinairement, eft accompagnée de beaucoup
de difficultés ; & je ne crois pas qu'il
y ait dans les fciences naturelles un
problême dont la folution foit moins
fatisfaifante. Si l'on fuppofe que chaque rayon eft une traînée de particules
de matière que darde le corps lumi-
neux, comment imaginer que ces traînées fe croifent & s'entrecoupent de
dix millions de manières différentes,
fans fe caufer la moindre confufion dans
leur marche ? Si la nuit eft claire,
nous appercevons diftinctement une
étoile particuliere que nous regardons,
quoique les rayons qui viennent de
cette étoile à notre œil, foient tra-
verfés dans l'efpace de plufieurs millions de milles avant d'arriver à nous,
par des millions de traînées des rayons

qui partent de tous les autres soleils ou étoiles de l'Univers. Formons un raisonnement par analogie, & supposons qu'on s'efforce de croiser, par exemple, deux courans d'eau ou d'air qui sont les matières les plus pures & les plus fluides que nous connoissions, on verra que cela est impossible : ils s'interrompront mutuellement ; & le plus fort entraînera le plus foible dans sa direction. Mais une traînée de lumière heurtée par dix millions d'autres qui se meuvent avec tant de vîtesse qu'elles font des millions de milles dans une minute, n'est point affectée de cette impression ni dérangée dans sa course, & elle arrive à nous avec la même précision & la même régularité que si elle n'avoit été touchée par rien. D'ailleurs en supposant que la lumière consiste en particules de matière qui parcourent dans sept minutes l'espace qui est entre le soleil &

K 4

la terre, comment arrive-t-il qu'avec
cette vîteffe prodigieufe, elle ne pro-
duife pas quelque bouleverfement ?
Elle ne communique point de mouvement aux corps qui s'offrent à fon
paffage, & elle n'en écarte aucun
par percuffion. Si nous n'avions jamais entendu parler de cette découverte & qu'on nous dît pour la premiere fois, qu'un courant de matiere
affez large pour couvrir la moitié
de notre globe, s'y précipite, en
faifant dix millions de milles dans
une minute, nous imaginerions que
la terre doit être à l'inftant mife en
pièces, ou entraînée dans l'efpace avec
une vîteffe incroyable. On objectera
fans doute, que l'extrême petiteffe des
particules de lumière les empêche de
produire cet effet ; mais comme ces
particules font en très-grande quantité
& jointes l'une à l'autre, qu'elles couvrent la furface de tous les corps qu'on

leur oppofe, & qu'elles rempliffent entièrement l'efpace qui eft entre le foleil
& notre planète, il feroit facile de
répondre à cette objection. Les particules d'air & d'eau font auffi extrêmement petites ; & lorfqu'elles font
en petite quantité, elles ne produifent
prefque point d'effet remarquable ;
mais fi on accroît leur nombre, &
qu'on leur donne feulement la mil-
lionième partie de la vîteffe qu'on at-
tribue à un rayon de lumière, il n'y
aura point fur la terre de force capable
de leur réfifter.

ADIEU. Je me fuis jetté par inad-
vertence dans les abymes de la Phi-
lofophie, & je vois qu'il eft bien
difficile d'en fortir. Je vous demande
pardon & vous promets d'être à l'a-
venir plus circonfpect. Quel que foit le
rang de cette comète dans l'Univers,
elle a été un feu follet pour moi, puifqu'elle m'a détourné de mon chemin

pour m'égarer dans un labyrinthe où je me fuis perdu cinquante fois.

JE ne me fouviens pas fi vous êtes un Newtonien rigide ou relâché; fi vous êtes des premiers, je me ré-tracte, de crainte d'accident. Je fais que c'eft ici un point très-délicat, & j'ai vu plufieurs Philofophes, bons Chré-tiens d'ailleurs, qui fouffrent plus pa-tiemment qu'on révoque en doute la Divinité de Jefus-Chrift que celle de Newton, & qui regardent un Carté-fien & un Sectateur de Ptolomée com-me une efpèce d'incrédules pire qu'un Athée.

JE me rappelle d'avoir vu, étant au collége, un Hérétique qui ne croyoit pas à la gravitation, converti tout-à-coup pour avoir été berné fur une couver-ture, & un autre qui nioit les loix des forces centripètes ou centrifuges, ramené à l'orthodoxie par une pierre qu'on lui lança avec une fronde en manière de démonſtration.

CES argumens ſont puiſſants, & il eſt difficile d'y répondre. J'implore votre miſéricorde ; je ſuis hors de votre portée , & je vous pardonne ſi vous vous contentez de ſatisfaire votre vengeance ſur cette Lettre.

LETTRE XXVII.

Cathédrale de Palerme ; Egliſe des Jé-
ſuites ; Cathédrale de Mont-Réale ;
l'Archevéque de cette Ville ; Prépa-
ratifs pour une Fête ; Superſtition
des Habitans.

A Palerme, le 6 Juillet 1770.

PLUSIEURS égliſes de cette Ville ſont d'une richeſſe & d'une magnificence extraordinaires. La Cathédrale eſt un vieux bâtiment gothique fort

vafte ; il eft foutenu en dedans par
80 colonnes de granit oriental ; on y
voit un très-grand nombre de chapelles
dont quelques-unes renferment beaucoup de métaux & de pierres précieufes ; la principale eft celle de fainte
Rofalie, la patrone de Palerme, pour
laquelle on a plus de vénération que
pour les Perfonnes de la Trinité. Les
Reliques de la Sainte font confervées
dans une grande boîte d'argent très-
bien travaillée & enrichie de diamans ;
elles font plufieurs miracles & on les
garde comme le tréfor le plus précieux de la Ville. Elles paffent pour
avoir la vertu d'écarter la pefte, &
elles ont fouvent préfervé les habitans de cette fatale épidémie. La Sainte
acquit tant de réputation en empêchant
la pefte de Meffine de venir jufqu'à
eux, que par reconnoiffance, ils lui
ont érigé un très-beau monument.
Sainte Agathe en a fait autant pour Catane ; mais cette dernière Ville n'a

pas été fi généreufe envers fa pro-
tectrice. Les autres richeffes de cette
églife confiftent en quelques os de
S. Pierre & un bras de S. Jean-Bap-
tifte. On voit auffi une mâchoire d'une
efficacité prodigieufe, & quelques autres offemens moins célèbres. Les
tombeaux de plufieurs Rois Normands
de la Sicile font du porphyre le plus
fin ; il y en a quelques-uns qui ont
près de fept cents ans d'antiquité, &
qui cependant font d'un affez bon
goût. Vis-à-vis ces monumens, il y
a un Tabernacle qui eft fait en entier
de lapis-lazuli ; il a environ quinze
pieds de haut, & il eft très-bien décoré. On a fait à fainte Rofalie des
préfens magnifiques ; le plus confidérable eft, je penfe, une croix de très-
gros brillans que lui a donnée le Roi
d'Efpagne.

La facriftie eft auffi très-riche. Elle
a quelques ornemens chamarrés de

perles orientales, qui ont près de quatre cents ans, & paroiffent auffi frais
que s'ils avoient été faits hier.

L'église des Jéfuites égale en
magnificence toutes celles que j'ai
vues en Italie. On appercoit dans tous
leurs ouvrages le génie de ces peres,
& on n'eft jamais en peine de les reconnoître.

L'église du Palais eft incruftée
par-tout d'ancienne mofaïque, & la
voûte eft de même travail. Mais je
ne finirois pas, fi je vous parlois
de toutes les églifes; il y en a plus de
trois cents. Celle de Mont-Réale, à
environ cinq milles de diftance de cette
Ville, eft la premiere de l'Ifle après
la Cathédrale de Palerme; elle eft
à-peu-près de la même grandeur;
elle eft également incruftée de mofaïque; ce qui a coûté des fommes immenfes. Il y a auffi plufieurs monu-

mens de porphyre & de marbre des premiers Rois de la Sicile. Cette Cathédrale fut bâtie par Guillaume le Bon, dont la mémoire est encore en vénération chez les Siciliens.

L'ARCHEVÊQUE de Mont-Réale est déja regardé comme un Saint; il prend sur ses revenus qui sont très-considérables, ce qu'il lui faut pour son habillement & sa nourriture la plus frugale, & il emploie tout le reste en œuvres pies ou à des dépenses utiles au Public. Sa vertu paroît être portée trop loin, & il se refuse les plus légers plaisirs de la vie ; tels, par exemple, que de coucher sur un lit ; il dort chaque nuit sur de la paille. Vous imaginez bien qu'il est adoré par le peuple qui se rassemble en foule pour recevoir sa bénédiction ; & on dit ici qu'elle a plus d'efficacité que celle du Pape. On ne se trompe pas ; car il ne voit jamais un malheu-

reux fans le foulager. Il ne fe repofe
pas fur les dons fpirituels de fa bénédiction ; il l'accompagne toujours de
quelque chofe de folide & de temporel. Les habitans de la ville & des
environs de Mont-Réale doivent beaucoup à fa libéralité ; & on en trouve par-
tout des monumens. Il vient de faire
préfent à la Cathédrale d'un autel magnifique ; il n'y en a encore que la moitié de fini ; il eft d'argent maffif très-
bien travaillé ; il repréfente en haut-
relief quelques-unes des principales
aventures de la Bible ; & je crois que
ce fera un des plus beaux ouvrages
de cette efpèce qu'on trouve dans le
monde. Ce qui eft bien plus utile, il a
fait conftruire à fes frais une grande
promenade depuis Palerme à Mont-
Réale, ville qui étoit autrefois d'un
accès très-difficile, parce qu'elle eft
fituée au fommet d'une affez haute
montagne. La promenade eft difpofée
avec beaucoup de goût fur le penchant
de

de cette montagne ; & des détours dont la pente est aisée, conduisent insensiblement au sommet. Elle est ornée de plusieurs jolies fontaines, & bordée de chaque côté par un grand nombre d'arbrisseaux à fleur. La vallée au pied de la montagne est extrêmement fertile & pittoresque ; elle semble être dans l'espace de plusieurs milles un jardin continu d'orangers qui présentent un coup d'œil charmant, & parfument en même-tems l'air des odeurs les plus délicieuses. Cette petite expédition nous a fait tant de plaisir, que malgré la chaleur de la saison nous ne pouvions pas nous tenir en voiture ; & nous avons presque marché à pied pendant tout le chemin.

La ville de Palerme, depuis dix jours, fait des préparatifs pour la grande Fête de sainte Rosalie ; & si le spectacle répond aux frais & aux travaux dont il est l'objet, il sera su-

perbe. Ils ont déja érigé de chaque
côté de la rue, plus de deux milles
arcs de triomphe & pyramides,
deftinés aux illuminations & élevés fur quatre lignes droites qui
ont chacune un mille de long ; ils font
de bois peint & ornés de fleurs artificielles. On nous dit qu'ils feront
entiérement couverts de lampions ; de
forte qu'en les voyant de loin, ils auront l'air d'autant de pyramides &
d'arcs de triomphe en feu. Tout le
Marino & les deux grandes rues qui
partagent la Ville, feront éclairés de la
même manière, ainfi que les quatre
pörtes auxquelles aboutiffent ces deux
rues & qui leur ferviront de point de
vue. De la Place, qui eft au centre
de la Ville, on peut voir d'un coup
d'œil cette illumination dont on nous
affure que la grandeur furpaffe toute
croyance. Il y a eu auffi des embel-
liffemens & des décorations dans le
Marino, & l'on a employé les trois fe-

maines dernières à conftruire deux
vaftes théâtres pour les feux d'artifices. L'un eft placé vis-à-vis du palais du Viceroi qu'il égale prefque
en largeur ; l'autre eft élevé fur pi-
lotis, exactement vis-à-vis du grand orcheftre qui eft au centre du Marino.
Ils bâtiffent en outre une machine
énorme qu'ils appellent le *char triom-*
phal de fainte Rofalie. A voir fon
étendue, on imagineroit qu'il doit
toujours refter à l'endroit où on le
travaille ; mais on nous affure qu'il
fera traîné en proceffion dans toute la
Ville. Il eft monté fur des roues ; &
il ne paroît pourtant pas qu'on puiffe
venir à bout de le mouvoir. La curiofité que j'ai de voir cette Fête fingulière augmente chaque jour. Le
char eft déja plus élevé que la plupart des maifons de Palerme, & il
ne l'eft pas encore affez. L'illumination de la grande églife eft ce qu'ils
eftiment davantage de ce fpectacle.

L 2

Ils affurent qu'on ne voit rien de pareil ailleurs, pas même à Saint-Pierre de Rome. Il eft vrai que les préparatifs en font étonnans ; on les a commencés il y a environ un mois, & ils ne finiront que les derniers jours de la Fête. La voûte & les murailles de cette vafte Cathédrale font entièrement couvertes de glaces, entremêlées de papier d'or & d'argent & d'un nombre infini de fleurs artificielles. Tout cela eft arrangé, felon moi, avec beaucoup de goût & d'élégance.

Tous les autels, les chapelles & les colonnes font ornés de la même manière ; ce qui cache un peu la petiteffe de leurs ornemens ordinaires & leur donne un air de grandeur & d'uniformïté. Une quantité innombrable de luftres garnis de bougies font fufpendus à la voûte ; & je fuis perfuadé que lorfque tout fera éclairé, cette

falle doit égaler celles de la Férie &
des Contes Arabes. Elle y reffemble
d'ailleurs, parce que tout y eft pa-
reillement d'or, d'argent & de pierreries. Les Saints font fuperbement
habillés ; & fainte Rofalie les furpaffe encore en magnificence. Le peuple fe précipite à fes pieds pour la
prier ; & je vous jure que pour une
demande adreffée directement à Dieu,
on en fait au moins cent à la Sainte.

Nous venons d'être témoins de ce
fait ; ils daignent à peine accorder une
inclination de tête aux chapelles dédiées à Dieu, & lorfqu'ils approchent
de celle de leur Saint favori, ils fe
courbent refpectueufement jufqu'à terre. L'ignorance & la fuperftition ont toujours été inféparables. Ils penfent peut-
être que le Tout-Puiffant a affez régné ;
ils feroient très-aifes de changer un
peu de gouvernement. Ils lui ont déja

enlevé la préféance (*a*) en plufieurs occafions, non pas dans les procef-fions & le Mémorial d'étiquette ; cela ne leur paroîtroit pas décent ; mais dans leurs affaires particulieres, c'eft ordinairement à leur Saint protecteur qu'ils s'adreffent d'abord. Cependant lorfque les églifes & les chapelles font dédiées à Dieu & à quelque Saint, ils fe font déja hafardés à mettre fur l'infcription le nom du Saint le pre-mier ; par éxemple, *Sto. Januario & Deo optimo maximo.*

(*a*) Il y a fans doute ici beaucoup d'exágération : au refte fi les chofes font telles que M. Brydone le dit, ce font des abus que les Catholiques eux-mêmes condamnent volontiers.

LETTRE XXVIII.

Sainte Rosalie ; Sujet d'un Poëme épique ; quelques Détails sur ce Poëme ; Réflexions.

A Palerme, le 7 Juillet 1770.

J'AI recherché quel avoit été l'état de sainte Rosalie, qui est devenue un si grand personnage dans cette partie du monde ; mais quoiqu'ils l'adorent (*a*) avec tant de ferveur, je n'ai trouvé personne qui pût m'apprendre ses titres de sainteté : on me renvoyoit aux Légendes qui sont bien loin de s'accorder entr'elles ; & après toutes les offrandes qu'ils lui ont fai-

---

(*a*) Jamais les Catholiques n'ont prétendu adorer les Saints. Il est surprenant que l'Auteur qui est d'ailleurs si judicieux, feigne d'ignorer quels sont sur le culte des Saints les vrais principes de l'Eglise Romaine.

L 4

tes, les églifes bâties en fon nom &
les monumens érigés à fa mémoire,
il eft affez probable que cette femme
n'a jamais exifté. J'ai vifité toutes les
boutiques des Libraires, & je n'y ai
trouvé aucun livre qui en parlât, fi ce
n'eft un Poëme épique dont elle eft
l'héroïne. Il eft écrit en Sicilien; &
c'eft une des plus grandes curiofités
que j'aie jamais rencontrées. Le Poëte
la met fans façon au-deffus de tous
les Saints du Paradis, en exceptant
pourtant la fainte Vierge; & il femble que c'eft avec beaucoup de répu-
gnance qu'il s'eft déterminé à céder
le pas à la Mere de Dieu. Cet Ouvrage & les notes m'apprennent que
fainte Rofalie étoit nièce de Guillaume
le Bon; qu'elle commença de bonne-
heure à donner des marques de fain-
teté; qu'à quinze ans elle abandonna
le monde & renonça à toute fociété
humaine. Elle fe retira dans les montagnes à l'Oueft de cette Ville, en

1159, & l'on n'en entendit plus parler que cinq cens ans après. Le peuple croit qu'elle fut enlevée au ciel. En 1624, pendant une peste terrible, un saint homme eut une vision la nuit; & Dieu lui révéla que les os de la Sainte étoient dans une caverne près le sommet du mont Pellégrino; que si on les y alloit chercher pour les porter trois fois en procession autour des murailles de la Ville, les habitans feroient délivrés sur le champ de l'épidémie. On fit d'abord peu d'attention à cet illuminé, & on le regarda comme un visionnaire. Cependant il persista à conter son histoire; il devint incommode, & il eut des adhérens. Les Magistrats voulant appaiser le peuple, envoyèrent au mont Pellégrino; la découverte se fit; on y trouva les os sacrés. La Ville fut délivrée de la peste; & sainte Rosalie passa pour la plus grande Sainte du Paradis. On bâtit des églises; on érigea des autels

& on nomma des Miniftres pour fon
fervice.

QUOIQUE les gens bien élevés
méprifent ici la fuperftition du vulgaire, ils obfervent régulièrement les
pratiques du culte; ils accompliffent les
préceptes de l'Eglife avec beaucoup
de refpect & de décence, & ils font
charmés de ce que nous nous con-
formons à leurs ufages & que nous
paroiffons avoir quelques égards pour
leurs rits & leurs cérémonies. J'avoue
que cette attention qu'ils ont de ne
pas offenfer les ames foibles, contribue beaucoup à nous donner une
opinon favorable de leur caractère &
de leur efprit. Ils ne fe vantent pas de
leur incrédulité, & ils ne font pas fatigans fur ce chapitre comme en France,
où l'on ne ceffe de vous ennuyer par des
raifonnemens mille fois rebattus, mais
où, malgré l'affectation de quelques-
uns des habitans, il y a plus de foi

que dans aucune autre nation du Continent.

JE ne connois rien qui donne plus mauvaise opinion d'un homme, que de le voir faire parade de son mépris pour des choses qu'on regarde comme sacrées ; c'est insulter ouvertement au jugement du Public. Un de nos compatriotes se rendit coupable de cet excès il y a environ deux ans, & on parle toujours de lui avec la haîne qu'il a inspirée par cette action : il entra un jour dans une Eglise au moment où l'on élevoit l'hostie ; chacun étoit à genoux, & il se tint debout sans donner la moindre marque de respect pour cette cérémonie. Un jeune homme qui étoit près de lui, témoigna sa surprise, & lui dit : » il est » surprenant qu'un homme comme » vous, qui avez reçu l'éducation » d'un gentilhomme, & qui devez en » avoir les sentimens, s'avise d'offen-

» fer auffi grièvement le Public : Moi,
» Monfieur, répondit l'Anglois, je
» ne crois pas à la tranfubftantiation.
» Ni moi non plus, répliqua l'autre,
» & cependant vous voyez que je fuis
» à genoux.

ADIEU, on m'appelle pour voir les
préparatifs de la Fête ; il eft probable
que je vous en ferai la defcription dans
la Lettre fuivante.

P. S. J'ai épié avec grand foin le
retour de notre comète ; mais je ne
l'ai point encore apperçue : j'obferve
avec une affez mauvaife lunette de
grandes taches rondes fur le difque du
foleil ; je ne fais pas fi ce ne feroit pas
elle qui s'eft précipitée dans fon fein ;
mais je ne vous ennuyerai plus fur
cette matière.

LETTRE XXIX.

Vent de Siroc ; Revue d'un Régiment Suisse ; Repas ; l'Education en Sicile est différente de celle du Continent ; Prince de Rauttanes.

A Palerme, le 10 Juillet 1770.

Le vent de Siroc que nous attendions depuis si long-tems, a enfin commencé le huit. D'après ce qu'on nous en avoit dit, nous le regardions comme insupportable ; mais nous voyons par expérience qu'il est encore plus brûlant qu'on ne l'annonçoit. Le thermomètre a été entre 72 & 74^d, même depuis que nous sommes à notre nouveau logement : lorsque nous occupions l'ancien, il étoit souvent à 79 & 80, tant il y a de différence entre le centre de la ville & la côte de la mer : à présent nos fenêtres sont tournées au nord,

& la mer qui eſt immédiatement au-
deſſous, nous rafraîchit continuellement par une briſe délicieuſe. On dit
que le Siroc a commencé Dimanche
de grand matin ; & quand je me levai
à huit heures, l'air de nos chambres,
qui ſont très-grandes, n'en étòit point
encore affecté : j'ouvris la porte ſans
ſoupçonner ce changement de tems,
& je n'ai jamais été plus étonné de ma
vie : je reſſentis tout-à-coup ſur mon
viſage une impreſſion pareille à celle
qu'auroit faite une vapeur brûlante
ſortie de la bouche d'un four : je re-
tirai ma tête & fermai la porte en
criant à Fullarton que toute l'ath-
motſphere étoit en feu : nous nous ha-
ſardâmes cependant à ouvrir une autre
porte qui conduit à une plate-forme
fraîche où nous nous promenons ordinairement : comme elle n'étoit pas ex-
poſée au vent, la chaleur y fut beaucoup plus ſupportable que je ne le
croyois d'après ce que j'avois ſenti en

entr'ouvrant la premiere porte : il
fembloit que nous venions d'entrer
dans un des poëles fouterreins de
Naples, & même il y faifoit encore
plus chaud. En peu de minutes toutes
nos fibres fe trouvèrent relâchées d'une
manière inconcevable, & nos pores
s'ouvrirent tellement que nous nous
imaginions près de tomber dans une
grande fueur. J'allai examiner le thermomètre, & je vis que l'air de la
chambre étoit encore fi peu échauffé,
qu'il n'étoit qu'à 73 ^{d} : le foir précédent
il étoit à 72½ : je le portai en plein
air, & à l'inftant il monta à 110, &
bientôt après à 112, & je fuis perfuadé que dans notre ancien logement
& dans les autres endroits de la ville,
il fe feroit élevé de plufieurs degrés
par-delà : l'air étoit épais & pefant : le
baromètre fut peu affecté ; il ne tomba
que d'une ligne ; le foleil ne parut pas
de tout le jour ; autrement je crois
que la chaleur auroit été abfolument

intolérable ; nous avions peine à rester quelques minutes sur le côté de la plate-forme qui est exposé au vent ; j'y portai de la pommade qui se fondit comme si elle avoit été mise devant le feu: j'entrepris de me promener dans la rue, pour voir si quelqu'un oseroit se montrer ; mais il me fut impossible de supporter la chaleur, & je m'empressai de rentrer chez moi.

CETTE chaleur étonnante dura jusqu'à trois heures de l'après-midi, que le vent sauta tout-à-coup au point opposé du compas, & le reste du jour il souffla avec force de la mer. Il n'est pas possible de concevoir la différence d'impression que causa sur nous ce changement de l'air, & nous ne fumes pas moins surpris d'éprouver en un instant une fraîcheur excessive, que nous l'avions été de l'ardeur du Siroc, quand il commença. Le courant de cet air chaud avoit traversé du Sud

au

au Nord pendant plusieurs heures , &
je ne doute pas que l'athmotsphere , à
quelques milles des environs , n'en
fût entiérement rempli ; cependant
dès que le vent eut passé au nord , le
froid devint très-vif , & nous fumes
obligés de reprendre promptement nos
habits , car jusqu'alors nous avions
été presque nuds. En très-peu de tems
le thermomètre tomba à 82 degrés ,
chaleur qu'on auroit peine à souffrir en
Angleterre ; mais le Siroc avoit tellement ouvert nos pores & relâché nos
fibres , que le froid nous a obligés à
tenir tout le soir les glaces de notre
carrosse fermées : il est vrai que je
m'étois beaucoup exposé en plein air ,
voulant essayer quel effet il produiroit
sur le corps humain. Je crus d'abord
qu'il seroit impossible de le supporter ;
mais je reconnus bientôt que je me
trompois , & qu'on pouvoit se promener sans une grande incommodité
dans les endroits où l'on étoit à l'abri

du vent. Il ne me fit pas autant d'effet que je l'imaginois ; il produifit feulement une tranfpiration très-forte,
qui n'étoit fuivie que d'une humidité
légere fur la peau ; mais je penfe que
j'aurois été inondé de fueur fi j'a-
vois mis mes habits ou fait le moindre exercice.

Je vous avoue que ma curiofité par
rapport au Siroc eft très-fatisfaite, &
je ne defire pas le reffentir de nouveau pendant notre féjour en Sicile.
Plufieurs perfonnes de ma connoiffance qui nous en avoient parlé, vinrent en foule près de nous dès qu'il
eut ceffé pour favoir ce que nous en
penfions. Ils conviennent qu'il a été
affez violent pendant qu'il a fouflé,
mais ils nous affurent qu'il l'eft quelquefois davantage , & qu'il dure beaucoup plus long-tems ; cependant il ne
continue jamais plus de trente-fix ou
quarante heures , de forte que la cha-

leur ne peut pas pénétrer les murs des maisons ; ils avouent qu'autrement les hommes & les animaux mourroient ; mais d'après ma propre expérience , il me paroît qu'ils se trompent : si effrayé de la première bouffée , je n'eusse pas osé m'y exposer de nouveau, comme il leur arrive ordinairement , j'aurois certainement pensé comme eux. Ils rioient de nous voir marcher si long-tems à dessein en plein air , & ils étoient surpris de ce que nous faisions des expériences aux dépens de notre personne. Ils nous disoient que pendant le Siroc aucun habitant ne sort de chez lui , à moins qu'il n'y soit forcé par la nécessité. Leurs portes & leurs fenêtres sont très-bien fermées pour empêcher l'air d'y entrer, & lorsqu'il n'y a point de volets , ils suspendent des couvertures mouillées en-dedans des fenêtres. Les domestiques sont continuellement occupés à répandre de l'eau dans les appartemens ,

M 2

afin d'y conserver un air aussi tempéré qu'il est possible ; cette opération n'est pas difficile , car j'apprens que toutes les maisons de la ville ont une fontaine , & au moyen de ces précautions , les gens à leur aise souffrent peu du Siroc.

IL est singulier que la chaleur dévorante de ce vent n'ait jamais produit de maladies épidémiques & qu'il n'ait point d'influences funestes sur la santé des habitans. Il les met seulement dans un état de foiblesse & de langueur ; mais quelques heures de la Tramontane ou du vent du Nord qui y succède ordinairement , suffisent pour rendre à leur corps son élasticité & sa vigueur première. A Naples & en plusieurs autres endroits d'Italie , où il est beaucoup moins violent qu'ici, il occasionne souvent des maladies putrides & il produit presque toujours un entier abbattement dans la machine. Il eſt vrai que le Siroc y dure pluſieurs jours, & même pluſieurs ſemaines.

JE n'ai pas pu me procurer une deſcription bien détaillée de ce phénomène du climat de Palerme : on en donne différentes cauſes ; mais aucune ne me paroît ſatisfaiſante.

J'AI vu un vieillard qui a écrit ſur cette matière. Il dit que c'eſt le même vent qui fait de ſi grands ravages dans les déſerts ſablonneux de l'Afrique, & qui tue quelquefois les animaux dans l'eſpace d'une demi-heure. Il ajoute qu'il ſe refroidit en traverſant la mer ; ce qui le dépouille de cette qualité meurtrière avant qu'il arrive en Sicile. Mais on peut objecter que ſi cette explication étoit fondée, il devroit être plus violent ſur ce côté de l'Iſle, qui eſt le plus voiſin de l'Afrique ; ce qui n'eſt pas.

Il eſt cependant poſſible que ſa chaleur augmente en paſſant ſur l'Iſle ;
effectivement il eſt toujours plus violent
à Palerme , qui eſt dans la partie la
plus ſeptentrionale , que par-tout ailleurs. Je commence à goûter cette
raiſon, quand je conſidère que Palerme eſt environné de hautes montagnes, dont les ravines & les vallées
ſont entièrement brûlées à cette ſai-
ſon. Celles-ci contiennent une quantité innombrable de ſources chaudes
dont les courans doivent accroître la
chaleur , & peut-être adoucir l'air &
lui faire perdre ſes qualités nuiſibles.

D'AILLEURS on brûle dans ce
tems-là ſur les montagnes, des bruyè-
res & des brouſſailles ; ce qui doit encore ajouter à la chaleur de l'air.

QUELQUES perſonnes qui étoient
à la campagne, m'ont dit qu'elles s'é-
toient promenées immédiatement après

le Siroc, & que les herbes & les plantes qui étoient vertes la veille, s'étoient trouvées alors abfolument brunes, & qu'elles fe brifoient fous leurs pieds, comme fi elles avoient été féchées dans un four.

J'AJOUTERAI ici pour votre amufement un journal de la température de l'air depuis que nous fommes à Palerme. Le baromètre a refté conftamment à une ligne ou deux du même point $29\frac{1}{2}$ P.; & le ciel a toujours été clair, excepté le jour du Siroc & le 26 Juin que nous eûmes une petite pluie pendant deux heures; de forte que je n'ai qu'à marquer la hauteur du thermomètre.

		Thermomètre.
Juin 17	. . . . . .	$73\frac{1}{2}$ d.
18	. . . . .	74
19	. . . . . .	75
20	. . . . . .	76
21	. . . . . .	$75\frac{1}{2}$

M 4

Thermomètre.

Juin 22 . . . . 77 ^d.

23 . . . . $76\frac{1}{2}$

24 77

25 77

26 . . . . $77\frac{1}{2}$

27 77

28 . . . . $77\frac{1}{2}$

29 . . . . $77\frac{1}{2}$

30 . . . . $78\frac{1}{2}$

Juillet 1 79

2 80

3 . . . . $80\frac{1}{2}$

4 à notre nouveau logement sur le bord de la mer, tourné vers le Nord, 74

5 73

6 . . . . $72\frac{1}{2}$

7 . . . . $72\frac{1}{2}$

8, le vent de Siroc, 112

l'après-midi, . 82

9 79

10 78

PLUS j'examine l'extrême violence

de cette chaleur , & plus je fuis étonné
que nous ayons pu la fupporter avec
fi peu d'incommodité ; nous n'avons
pas même éprouvé cet abbattement
total qui eft l'effet ordinaire des grandes chaleurs en Angleterre. Le thermomètre monta en peu de tems d'environ
40 degrés ; & il eft affez fingulier qu'a-
vant que le Siroc foufflât, l'efprit de
vin fût précifément à 40 degrés au-
deffus du point de congélation ; de
forte que le matin du 8 Juillet, la
chaleur augmenta prefque dans un
inftant autant qu'elle fait communément pendant tout le tems que le foleil
fe meut de l'équateur au tropique ;
car entre 72 & 112 degrés, la différence eft la même qu'entre 72 & le
point de congélation.

Nous eûmes hier un grand feftin
chez le Prince Partana ; & le Viceroi
fit de deffus un balcon la revue d'un

régiment Suiffe, le plus beau que j'aie vu au fervice du Roi de Naples. C'eft une excellente troupe ; & malgré la violence de la chaleur, elle fit fes exercices avec beaucoup d'ardeur. Je trouvai dans les évolutions plus de précifion & de régularité qu'elles n'en ont ordinairement, excepté en Angleterre & en Allemagne. Il y avoit à chaque flanc deux pièces de campagne bien fervies. Les grenadiers lançoient de fauffes grenades qui ne faifoient point de mal, mais qui produifoient d'ailleurs le même effet que les véritables. La manière dont ils les jettoient, m'amufa plus que le refte du fpectacle ; & ils avoient grand foin de les diriger de manière que leur coup ne fût pas perdu. Lorfqu'il en tomboit un certain nombre fur un groupe de gens de la populace, cela faifoit une fcène affez plaifante. Il n'y a eu que des coëffes & quelques perruques ou des cheveux brûlés ; car il y avoit au moins autant de femmes que d'hommes.

La Compagnie étoit fort brillante chez le Prince Partana & la collation fomptueufe : elle confiftoit fur-tout en glaces, crêmes, chocolat, confitures & un grand nombre de divers fruits. Il n'y eut que la moitié des conviés qui jouât aux cartes, les autres s'amuferent à caufer en fe promenant fur la terraffe. Nous avons trouvé le jeune Prince & la Princeffe qui font très-aimables, fe divertiffant avec leurs compagnons à de petits jeux : ils nous admirent avec plaifir dans leur cercle, & nous paffâmes au milieu d'eux quelques heures agréables. Je ne vous rapporte cette circonftance que pour vous montrer que l'éducation qu'on donne ici aux enfans eft différente de celle qu'ils reçoivent en Italie. On ne permet point aux jeunes perfonnes de communication familière avant le mariage. Les Demoiselles ont ici des manières aifées & fans affectation : on leur parle aifément ; elles ne font pas toujours, ainfi que fur le Continent, à côté de leurs meres, qui les produifent dans les affemblées, plutôt pour les offrir en vente que pour leur procurer quelque délaffement, & qui femblent craindre qu'on ne les enlève ou qu'elles ne s'enfuient. On les tient fi renfermées que ce malheur eft effectivement à craindre, car rien n'excite tant au vice que de punir la vertu.

LES meres ont ici de la confiance en leurs filles & laiffent leur caractère fe former & fe mûrir en liberté. En fuivant une méthode contraire, les femmes ne peuvent point avoir de caractère propre, ou n'en ont qu'un affecté, dont elles ont grand foin de fe dépouiller dès qu'elles ont obtenu un mari ; elles croient alors qu'elles ne peuvent pas trop s'éloigner de ces maximes outrées de décence & de circonfpection, qui leur ont toujours paru fi défagréables à mettre en pratique.

JE fuis sûr qu'elles n'auroient pas la moitié tant de défauts, fi on fouffroit qu'elles montraffent d'abord ce qu'elles font ; mais les parens leur font voir par la maniere dont ils les traitent, qu'ils ne fe fient pas à leurs principes, & ils femblent avoir adopté cette maxime peu généreufe d'un de nos meilleurs Poëtes, qui dit que *toute femme au fond du cœur aime le libertinage :* cette maxime doit fe vérifier fans doute dans les pays où elle eft généralement crue ; car les femmes n'ayant plus de réputation à maintenir, elles éviteront même de fe parer des dehors de la vertu, fachant bien qu'on les traiteroit d'hypocrifie & d'affectation. Vous penfez avec moi que la meilleure manière de les rendre vertueuses, est de leur faire croire d'abord que nous les jugeons telles. Lorsque la vertu est réellement estimée, chacun en cherche au moins l'apparence ; mais quand il lui faut une garde, elle ne mérite pas la sentinelle qu'on lui donne, comme dit le bon Ministre Adams.

QUELQUES-UNES des familles que j'ai vues ici, ont rappellé à mon esprit le spectacle de celles de notre patrie. Le Prince de Resuttana, sa femme & sa fille sont toujours ensemble, & leur mutuelle affection est le seul principe de cette assiduité. La jeune Princesse Dona Rosalia est très-aimable ; elle étoit de la Fête d'hier, & elle en faisoit le principal ornement. On m'accusera de vanité & de partialité si je dis après cela qu'elle ressemble aux Angloises par son air, ses manières & sa façon de penser ; mais cette observa-

tion me paroît vraie : cette reſſem-
blance a peut-être contribué à nous
inſpirer une ſi haute eſtime pour elle ;
& en dépit de toute notre Philoſophie,
ces préjugés exiſteront toujours, & je
ne crois pas qu'aucun ſage puiſſe entièrement s'en dépouiller. Nous avons
été dernièrement à la maiſon de campagne de ſon pere, qui y donnoit une
Fête, & nous fûmes enchantés de la
manière honnête, polie & aiſée dont
toute la famille nous reçut. Ce château paſſe pour le plus magnifique
des environs de Palerme : il eſt ſitué
à ſix ou ſept milles à l'oueſt de cette
ville, dans le canton appellé *il Colle*,
dans une Direction oppoſée à celui de
la *Bagaria*, dont je vous ai déja parlé.
Le Viceroi & ſa famille, ainſi que la
plus grande partie de la Nobleſſe,
étoient de cette partie, qui dura juſqu'à environ deux heures du matin :
on tira à minuit de jolis feux d'artifice, qui produiſirent un très-bel
effet.

ADIEU : je n'ai pas eu le tems de vous écrire hier, & quoique nous né nous foyons couchés qu'à trois heures, je me fuis levé à huit, tant j'étois empreffé de vous parler du vent de Siroc.

NOUS allons être fort occupés. La grande Fête de Sainte Rofalie commence demain, & chacun l'attend avec empreffement ; peut-être ne nous fera-t-elle pas autant de plaifir que nous l'efpérons. Je defire fouvent que vous foyez avec nous, j'entends lorfque nous fommes heureux ; vous favez bien cependant que ce ne font pas les fêtes & les fpectacles qui font notre bonheur ; mais comme celle-ci eft peut-être la plus remarquable de l'Europe, afin que vous puiffiez en jouir, je vous écrirai tous les foirs ce qui fe fera paffé dans la journée.

LETTRE

LETTRE XXX.

Féte de sainte Rosalie.

A Palerme, le 12 Juillet 1770.

La fête a commencé sur les cinq heures du matin par la procession de sainte Rosalie, qui a été traînée avec la plus grande pompe dans toute la ville, depuis le Marino jusqu'à Porto-Nuovo. Le char triomphant étoit précédé d'un détachement de cavalerie avec des trompettes & des tymbales, & tous les Officiers de la ville en habit uniforme : c'est une machine énorme ; elle a 70 pieds de long, 30 de large & plus de 80 de haut, & elle est beaucoup plus élevée que les plus hautes maisons de Palerme : la forme de sa partie inférieure ressemble à celle des galeres Romaines ; mais elle se grossit en s'élevant, & le fron-

Tome II.   N

tifpice qui eſt ovale , forme une eſpèce
d'amphithéâtre où il y a des ſieges ,
ainſi que ſur les théâtres : c'eſt la place
du grand orcheſtre ; elle étoit remplie
d'une troupe très-nombreuſe de muſi-
ciens placés en rang l'un au-deſſus de
l'autre : au-deſſus & derrière cet orcheſtre il y a un grand dôme ſoutenu
par ſix belles colonnes d'ordre Corin-
thien , & orné de figures de Saints &
d'Anges , & au ſommet du dôme on
voit une ſtatue giganteſque en argent
de ſainte Roſalie : toute la machine
eſt ornée d'orangers , de pots à fleurs
& de gros arbres de corail artificiel :
le char s'arrêtoit tous les cent pas , &
alors l'orcheſtre jouoit un morceau de
muſique accompagné de chants en
l'honneur de la Sainte : il reſſembloit
à un grand château mouvant &
rempliſſoit entièrement la rue d'un
côté à l'autre ; il n'avoit pas pour
ſe mouvoir un eſpace proportionné à
ſa groſſeur : cet édifice prodigieux étoit

traîné par 56 mules très-fortes, capa-
raçonnées d'une manière curieuse,
rangées fur deux files & montées par
28 poftillons habillés d'étoffes d'or &
d'argent, & portant des plumes d'au-
truche à leur chapeau : toutes les fenêtres & les balcons des deux côtés
de la rue étoient remplis de fpectateurs bien vétus, & le char étoit
fuivi par des milliers de perfonnes de
la populace : cette proceffion triom-
phale a fini à environ trois heures, &
enfuite il y a eu une magnifique illumination au Marino.

JE crois vous avoir déja décrit la
rangée d'arcs de triomphe & de pyramides qui s'étendent d'une extremité
à l'autre de cette belle promenade : ils
font peints & ornés de fleurs artificielles & entièrement couverts de petits
lampions placés très-près les uns des
autres : à peu de diftance delà on
croit voir des arcs de triomphe & des

N 2

pyramides en feu : toute la chaîne de
cette illumination avoit environ un
mille de longueur , & il est difficile
de concevoir quelque chose de plus
beau ; on n'y appercevoit ni défaut ni
interruption ; la nuit étoit si calme
qu'aucun de ces flambeaux ne s'est
éteint.

On avoit érigé , en face du milieu
de cette illumination, un brillant pavillon pour le Viceroi & sa suite, qui
étoit composée de toute la noblesse
de Palerme , & devant cet édifice on
avoit placé à peu de distance dans la
mer , de grandes pièces d'artifice qui
représentoient le frontispice du Palais
orné de colonnes, de trophées & de
tous les autres ornemens d'architecture. Tous les chebecs, galères , gal-
liotes & autres bâtimens de mer formoient autour une espèce d'amphithéâtre, & ils commencèrent le spectacle par
une décharge de toute leur artillerie,

dont le son répété par les échos des montagnes, produifit un effet agréable : ils tirèrent enfuite un grand nombre de fufées volantes & de bombes d'une compofition curieufe, qui brûloient fouvent fous l'eau. Cela dura une demi-heure, & enfuite tout le Palais fut illuminé dans un inftant. Ce fignal fit ceffer les exercices de la marine : nous crûmes alors habiter un pays d'enchantement. Cette opération fe fit en un moment & fans qu'il parût aucun agent vifible : en même tems les fontaines qu'on avoit conftruites dans la cour devant le Palais, commencèrent à jetter du feu, & à repréfenter quelques-uns des grands jets d'eau de Verfailles & de Marly : dès qu'ils furent éteints, la cour prit fur le champ la forme d'un vafte parterre orné de palmiers, & entremélé d'orangers, de pots de fleurs, de vafes & d'autres ornemens en feux d'artifices. L'illumination du Palais finit quand ces

feux ceſſèrent, & le frontiſpice s'illu-
minant alors, on en vit ſortir des ſoleils,
des étoiles, des roues de feu qui bientôt le firent tomber en ruines. Quand
tout parut renverſé, il ſortit de ce tas
de décombres une exploſion de deux
mille fuſées volantes, bombes, ſerpen-
teaux & diables qui ſembloient remplir toute l'athmoſphere, & qui firent
un terrible ravage ſur les habits de la
populace. Pendant ce ſpectacle, on
nous ſervit dans un grand pavillon, au
centre du Marino, un excellent régal
de café, de glaces, de confitures & de
différens vins; c'étoit M. de Caſtil-
làno, Prêteur ou Maire de la Ville,
qui en fit la dépenſe. Les principaux
nobles donnent ces régals tous les ſoirs,
chacun à leur tour, & ils ſe diſputent
à qui ſera le plus magnifique.

Dès que les feux d'artifice eurent
ceſſé, le Viceroi s'embarqua ſur une
galère très-bien illuminée. Nous

reftâmes à terre , pour voir le coup
d'œil qu'elle nous offriroit apperçue de
loin. Soixante-douze rames la faifoient
manœuvrer , & formoient un fpectacle charmant : elles brifoient fort-
promptement la furface des eaux , qui
étant auffi unies & auffi claires qu'une
glace , brilloient comme la flamme ,
& réfléchiffoient fa fplendeur de tous
côtés. Les rames battoient en mefure
avec les corps-de-chaffe , les cla-
rinettes & les trompettes qui étoient
en grand nombre fur la proue du
bâtiment.

La fête fut terminée par le Corfo ,
qui commence exactement à minuit ,
& dure jufqu'à deux heures du
matin.

La grande rue étoit illuminée auffi
magnifiquement que le Marino : les
arcs de triomphe & les pyramides
étoient placés des deux côtés , à peu

N 4

de distance les uns des autres, exactement entre les trottoirs & le chemin
des voitures ; & lorfqu'on les voyoit
de l'une ou l'autre des quatre portes,
on croyoit appercevoir deux lignes
continues de la flamme la plus brillante. Ces illuminations font fi fupérieures à toutes celles que j'ai jamais
vues ; elles en font d'ailleurs fi différentes, qu'il eft très-difficile de vous
en donner quelque idée. Deux files de
carroffes occupoient l'efpace entier qui
fe trouvoit entre ces deux lignes de
flambeaux : ces voitures étoient dans
le plus brillant appareil ; & comme
elles s'ouvrent du milieu & laiffent
entrevoir de chaque côté la beauté
des Dames, la richeffe de leurs habil-
lemens & l'éclat de leurs pierreries
s'y déployoient de la maniere la plus
avantageufe.

Ce magnifique cortège fe promena
lentement pendant deux heures ; &

tous ceux qui le compofoient fembloient animés du defir de plaire.
La compagnie étoit véritablement yvre
de joie & de plaifir ; & le bonheur qui
étinceloit dans tous les yeux paroiffoit fe
répandre par une efpèce de fympathie
fur toute l'affemblée.

Au milieu d'un tel fpectacle il étoit
impoffible de ne pas éprouver une dila-
tation & un épanouiffement de cœur:
j'avoue que le mien étoit ravi ; & cette
fcène de joie publique m'a caufé plus
d'émotion qu'une tragédie. J'avois toujours penfé que ces fentimens étoient
étrangers à une fête de pompe & de
parade ; mais ici la joie univerfelle
fembloit réellement partir du cœur ;
elle brilloit fur tous les vifages, &
annonçoit de tous côtés l'affection,
l'amitié & l'égalité mutuelle. Certainement les diamans & la parure
ne rehauffoient pas autant les charmes des Dames, que l'air de com-

plaifance & de bonne humeur qui les animoit.

Nous étions répandus en différens carroffes parmi la nobleffe, ce qui nous donna occafion de mieux faire ces obfervations. Je vous avoue que je n'ai jamais joui d'un fpectacle fi délicieux, & fi la fuperftition produit fouvent de pareils effets, je défire fincérement qu'il y en ait un peu dans notre patrie. J'avois envie de me jetter aux pieds de fainte Rofalie, & de la bénir de ce qu'elle rend tant d'hommes heureux.

Nous nous retirâmes fur les deux heures; mais les objets voluptueux & brillans que j'avois vus, frappoient encore mes yeux, & je n'ai pas pu dormir; cependant je fuis auffi délaffé que fi j'avois goûté un fommeil tranquille : je crois réellement que nous ne pourrions pas fupporter quatre jours de fatigue & de plaifir, pareils à ceux que nous venons de paffer. Nous ne fommes pas faits pour tant de jouif-fances : j'ai déja épuifé la moitié de mes facultés, & je ne comprends pas comment nous pafferons les quatre au-tres jours de la fête.

JE voulois vous faire la defcription de la journée le foir en rentrant chez moi, mais j'ai vu que cela étoit impoffi-ble ; les efprits font trop diffipés , & l'imagination eft trop remplie des objets qu'elle vient d'appercevoir , pour pouvoir les rappeller avec ordre : je vous écrirai donc tous les matins, lorfque cette fièvre de l'imagination aura eu le tems de fe calmer , & que mon efprit pourra juger fainement de ce que j'ai apperçu. Adieu ! il tombe une petite pluie qui rafraîchira l'air, & qui épargnera la peine d'arrofer le Marino & la grande rue, ce qui fe fait

régulièrement tous les matins. Le thermomètre eſt à 73 degrés.

LE 13. Les ſpectacles d'hier n'ont
pas été auſſi beaux que ceux de
la veille : ils ont commencé par les
courſes des chevaux. Il y en a eu trois
compoſées chacune de ſix chevaux:
ils étoient montés par des jeunes gens
d'environ douze ans , qui ne ſe ſer-
voient ni de ſelles , ni de brides ,
& qui n'avoient qu'une petite corde
qui paſſoit dans la bouche du cheval , en guiſe de mors , & qui ſuf-
fiſoit pour le modérer. La grande
rue qu'on avoit couverte de terre
juſqu'à la profondeur de cinq ou ſix
pouces , étoit le lieu de la courſe. Un
coup de canon tiré à Porto-Félice ,
en fut le ſignal : les chevaux paru-
rent le comprendre , car ils s'élan-
cèrent tout d'un coup & tous à la

fois , & ils firent leurs derniers efforts
jufqu'à Porto-Novo , qui fervoit de
but. L'efpace eft exactement d'un mille,
& ils le parcoururent en une minute
& 35 fecondes, ce qui nous a paru
furprenant , eu égard à la groffeur des
chevaux , qui ont à peine 14 palmes,
& font ordinairement des chevaux
barbes , ou d'une race mêlée entre ceux
de Sicile & de Barbarie. Les petits
cavaliers étoient joliment habillés &
avoient bonne mine. Nous fûmes étonnés de voir combien ils
étoient habiles écuyers , & j'ai obfervé
qu'en général ils étoient fort bien
affis.

LA rue étoit entièrement remplie
de monde , avant que le fignal eût
annoncé le moment de la courfe, &
nous ne concevions pas comment elle
pourroit fe faire. Notre furprife augmenta quand nous vîmes les chevaux
courir à bride abattue fur la partie

la plus épaiffe de la foule, qui ne
commença à s'ouvrir pour leur laiffer
un paffage, que lorfqu'ils alloient fe
précipiter dans le milieu. Ces fpectateurs intrépides faifoient place alors,
& fe rangeoient en arrière par un
mouvement uniforme & régulier qui
fe communiquoit d'une extrémité de
la rue à l'autre : cette fingulière ma-
nœuvre s'exécutoit fans bourdonne-
ment & fans confufion, & dès que
les chevaux avoient paffé, la populace
couroit fur leurs trouffes au centre de
la rue ; cependant cela détruit une
grande partie du plaifir de ce fpectacle, car on ne peut pas s'empêcher
de craindre pour tant d'hommes que
vous voyez à chaque inftant dans le
danger le plus prochain d'être écrafés ;
ce qui leur arriveroit infailliblement
s'ils fe retiroient une feconde ou deux
plus tard. On a vu fouvent de ces ac-
cidents ; mais heureufement chacun
échappa hier fain & fauf.

LE vainqueur fut conduit le long de la rue en triomphe , portant devant lui le prix qu'il avoit remporté : c'étoit une grande piece de soie blanche brodée & travaillée en or.

CES courses me paroissent fort supérieures aux courses ordinaires que font les chevaux en Italie ; mais elles ne sont pas comparables à celles d'Angleterre.

LA grande rue étoit illuminée de la même manière qu'hier, & l'assemblée des Nobles se tint au palais de l'Archevêque , qui pour cela étoit richement décoré.

L'ILLUMINATION des jardins étoit aussi fort brillante, & elle me rappella celle de notre Vauxhall. Il y avoit à chaque extrémité un orchestre de très-bons Musiciens. Le spectacle étoit réellement brillant ; & l'Archevêque eut beaucoup d'attention & de politeſſe pour tous les membres de la compagnie.

Sur les dix heures, le grand char triomphal retourna en proceſſion au Marino ; il étoit éclairé par de grands flambeaux de cire & il formoit un coup d'œil formidable. Dom Quichotte feroit excuſable de le prendre pour un château enchanté qui ſe mouvoir dans les airs. Nous ne ſortîmes de chez l'Archevêque qu'à minuit, quand le corſo commença ; il fut préciſément le même à tous égards que celui du jour précédent ; & nous avons joui avec yvreſſe de cette ſcène délicieuſe.

Le 14. Hier au ſoir, les deux grandes rues & les quatre portes de la Ville, qui les terminent, furent magnifiquement illuminées. Ces rues ſe coupent l'une & l'autre exactement au

centre

centre de la Ville, où elles forment une belle place appellée la *Piazza Ottangolofa*, à caufe des huit angles qu'elle forme. Cette place étoit décorée de tapifferies, de ftatues, & de fleurs artificielles ; comme les bâtimens qui l'entourent font uniformes & d'une belle architecture, & qu'en même-tems ils étoient bien éclairés, la fcène étoit très-brillante. On y avoit conftruit quatre orcheftres ; & je n'aurois pas cru que cette Ville pût produire quatre bandes de Muficiens auffi nombreufes.

Du centre de cette place on voyoit la ville entière de Palerme dans toute fa pompe ; & l'effet furpaffe ce qu'on peut en concevoir. Les quatre portes qui fervoient de points de vue à ce fpectacle raviffant, étoient embellies & éclairées d'une manière élégante. Les illuminations repréfentoient

Tome II.   O

différens trophées, les armes d'Espagne, celles de Naples, de Sicile & de Palerme, avec leurs génies protecteurs, &c. &c.

L'ASSEMBLÉE des Nobles s'est tenue au palais du Viceroi; & la colation a encore été plus somptueuse que la premiere. Les grands feux d'artifice placés vis-à-vis du palais, commencèrent à dix heures & finirent à minuit; nous allâmes ensuite au *corso* qui dura, comme à l'ordinaire, jusqu'à deux heures du matin. Cette partie de la fête nous plaît davantage, parce que c'est la seule qui affecte le cœur; & sans cela, un spectacle de marionnettes seroit aussi bon à voir que le couronnement d'un Monarque: nous connoissons maintenant presque tous les visages; l'air de douceur & de bonté qui les anime nous inspire l'opinion la plus avantageuse des habitans de cette Ville.

LES feux d'artifice d'hier au foir ont été beaucoup plus grands que ceux du Marino ; mais ils ne m'ont pas fait autant de plaifir. Comme ils ne jouoient pas fur la mer , & qu'il n'y avoit point de bateaux ni de galères, l'effet n'en pouvoit pas être auffi brillant. Ils repréfentoient de même la façade d'un palais , mais d'une beaucoup plus vafte étendue ; l'illumination étoit auffi la même , & tout s'y paffa de la même manière. Nous vîmes parfaitement bien ce fpectacle du palais du Viceroi, où nous eûmes un élégant concert ; mais au grand regret de la compagnie, la Gabrieli , la cantatrice la plus parfaite, mais la femme la plus capricieufe de la terre, ne jugea pas à propos de chanter.

LE 15 , il y a eu trois courfes & fix chevaux à chacune, comme la premiere fois. Tout le monde dit s'étre fort amufé : je ne puis pas vous en mander autant. Un homme a été foulé aux pieds & tué, à ce que je penfe, & un des Cavaliers eft tombé de cheval.

LA *converfation* de la Noblefle fe tenoit chez le *Juge de la Monar-chie*, Officier qui remplit une place de confiance & d'une grande diftinction. Nous y eûmes une collation pareille aux autres & un très-bon concert. A onze heures, le Vice-roi, fuivi de toute la compagnie, alla vifiter à pied la place & la grande églife; fa fuite étoit prodigieufe. Quoique la Ville fût par-tout éclairée, les domeftiques de fon Excellence & de la Noblefle fuivoient avec de gros flambeaux de cire.

DÈs que le Viceroi fut arrivé dans la place, les quatre orcheftres exécu-tèrent des fymphonies tant qu'il y refta. Il y avoit une foule immenfe de fpectateurs autour de la grande églife ; & fans la préfence du Vice-roi, il nous auroit été impoffible d'y entrer. Mais fes gens nous ouvrirent un paffage ; & en arrivant tout-à-coup par la grande porte, nous jouîmes d'un fpectacle enchanteur. Toute l'églife refplendiffoit d'une vafte lumière, qui étant réfléchie de dix mille furfaces très-brillantes, diverfement colorées & difpofées fous différens angles, produifoit un effet qui, je crois, furpaffoit de beaucoup toutes les defcriptions de palais de fée que j'ai lues. Je ne penfe pas que l'art humain ait pu inventer quelque chofe de plus merveilleux & de plus magnifique. Je vous ai déja dit que toute l'églife, murailles, voûtes, colonnes & pilaftres, étoit entièrement couverts de miroirs, entremêlés de papier d'or & d'argent, de fleurs artificielles arrangées avec beaucoup de goût & d'élégance ; de façon qu'on n'appercevoit pas un pouce de pierre ou de plâtre. Imaginez, fi vous le pouvez, une de nos grandes Cathédrales ornée de cette manière & éclairée de vingt mille bougies, & vous aurez quelque foible idée de ce coup d'œil. J'avoue qu'elle a furpafîé de beaucoup mon efpérance, quoique je m'attendîfîe à voir quelque chofe de très-furprenant. Lorfque nous fûmes revenus de notre premier étonnement qui nous avoit arraché plufieurs exclamations, fans que nous nous en fuffions apperçus, j'obfervai que les yeux de la Nobleffe étoient fixés fur nous, & qu'ils étoient charmés de voir notre air d'admiration. Cette illumination, fuivant moi, vaut mieux que tout le refte de la fête.

J'AI fouvent entendu parler de celle de S. Pierre comme d'une merveille ; & l'on n'a pas tort ; mais elle ne peut point être comparée à celle-ci.

Il eſt vrai que les effets en ſont différens, & qu'on ne peut gueres les
rapprocher les uns des autres.

CE ſpectacle eſt trop éblouiſſant
pour le ſoutenir un tems conſidérable, & il fut bientôt impoſſible de
ſupporter la chaleur occaſionnée par
la quantité immenſe des lumières. J'entrepris de compter les luſtres ; j'allai
juſqu'à cinq cens ; mais la tête me
tourna & je fus contraint d'abandonner mon projet. On nous aſſure
qu'il n'y avoit pas moins de vingt mille
cierges ; les quatorze autels de chaque
côté des nefs étoient décorés avec beaucoup de ſplendeur.

QUAND on penſe à ces décorations
brillantes qui embelliſſent toute une
égliſe, il eſt difficile d'y attacher une
idée de grandeur & de majeſté ; & c'eſt
ce qui me frappa lorſqu'on m'en parla
pour la premiere fois. Je vous aſſure

O 4

cependant que l'élégante fimplicité &
l'unité de deffein répandent fur l'enfemble un caractère de grandeur auquel
on ne s'attendoit pas.

C'EST la partie de la fête que les
habitans de Palerme eftiment le plus;
ils traitent tout le refte de bagatelle
en comparaifon de cette illumination;
& il me paroît effectivement qu'il n'y
a rien dans le monde d'auffi beau. Il
eft furprenant qu'ils faffent de fi grands
frais & qu'ils fe donnent tant de peine
pour un appareil de quelques heures
feulement; ils ont déja commencé ce
matin à déparer l'églife, & on dit
que cette opération durera plufieurs
femaines.

EN fortant de l'églife, nous allâmes
au corfo qui termina, comme à l'ordinaire, la fête du jour.

LE 16. Hier au foir, toutes les

rues furent complettement illuminées.
L'assemblée se tint chez le Préteur,
où il y eut une collation somptueuse
& un concert. Pacherotti, le premier
Chanteur de l'Opéra, s'y distingua;
il est très-agréable; & je suis sûr
que dans peu d'années, il sera célèbre. Campanucci, le second soprano,
me paroît meilleur que la plupart de
ceux que j'ai entendus en Italie; &
vous le croirez aisément lorsque je
vous apprendrai qu'il est engagé pour
être l'hyver prochain le premier Chanteur du grand Opéra à Rome. N'est-il
pas singulier que la Capitale de toute
l'Italie, & relativement aux beaux-
Arts la Capitale du monde entier,
s'abbaisse jusqu'à choisir le premier
Acteur de son Opéra parmi les subalternes d'un théâtre lointain de la Sicile?

Vous pensez bien qu'avec deux chanteurs comme ceux-ci & la Gabrieli,

l'Opéra ne fera pas méprifable. Il
doit commencer dans peu de jours,
malgré l'extrême chaleur de la faifon,
tant on aime ici les fpectacles.

Leurs Danfeurs d'Opéra font
ceux que vous avez eus l'année derniere à Londres ; ils viennent d'arriver : on n'eft pas trop content d'eux.
Nous les avons vus ce matin à la ré-
pétition, & ils ont été fort furpris
lorfqu'ils nous ont reconnus pour des
Anglois. Vous ne pouvez pas vous
imaginer combien ils ont été charmés
de nous voir. J'ai été enchanté de les
entendre parler de l'Angleterre avec
la chaleur de la reconnoiffance & de
l'affection. Il y a parmi cette troupe
une femme, qui en converfant fur
notre patrie avec un degré d'intérêt
que les bons traitemens qu'elle y a
reçus pouvoient feuls infpirer, m'a
dit que de fa vie elle n'avoit eu le
cœur auffi ferré en quittant un pays,

& que si elle y eût joui d'une meilleure santé, rien n'auroit pu l'engager
à en sortir jamais. Elle m'a paru
affectée en me disant cela. Je lui ai ré-
pondu qu'elle faisoit beaucoup d'honneur à notre Nation ; mais j'ai ajouté
que ses sentimens & la manière dont
elle me les exprimoit, ne pouvoit
guere tenir à une simple affection pour
le pays en général, & que probablement il y entroit quelque affection particulière. Elle m'a répliqué par un
sourire ; mais en même-tems j'ai observé qu'elle avoit là larme à l'œil.
Nous avons été interrompus en ce
moment ; cependant je tâcherai d'apprendre son histoire. Vous la saurez
peut-être ; car on est instruit à Londres de tous les secrets de cette nature.

Mais je me suis écarté de mon
sujet, & j'oubliois que je vous faisois
une description de la fête. A vous

parler fincérement, c'eſt un ſujet ſur lequel je n'aime pas à vous écrire. Je me repens preſque de l'avoir entrepris, & je ſuis charmé de n'avoir bientôt plus rien à vous apprendre. On a du plaiſir à voir des ſpectacles d'appareil; mais il eſt très-inſipide d'en faire le détail; car la parole & l'écriture ne communiquent les idées que par une eſpèce de progreſſion lente & régulière; de façon qu'on en perd ordinairement une en penſant à l'autre. Mais lorſque mille objets vous frappent à la fois, l'imagination eſt tout autrement ſatisfaite.

LA grande proceſſion qui termine la fête, commença à dix heures; elle ne différoit de celles des autres jours qu'en ce qu'indépendamment des prêtres, des moines & des ordres religieux de la Ville, on avoit placé, à égale diſtance l'une de l'autre, dix machines élevées, faites de bois & de carton & ornées de

la manière la plus élégante, qui repréfentoient des temples, des taber-
nacles & différens morceaux d'architecture. Les divers couvens & ordres
religieux fourniffent cette fingulière
décoration, & ils tâchent mutuellement
de fe furpaffer par la richeffe & le bon
goût de ce travail. Quelques-unes
n'ont pas moins de 60 pieds d'éléva-
tion. Elles font remplies de figures
de Saints & d'Anges, faites en cire,
très-bien imitées & fi admirablement peintes que plufieurs fembloient
réellement être animées. Toutes ces
figures font faites par les Religieufes
qui les parent de robes d'or & d'argent.

Nous nous fommes fort amufés en
voyant ce matin ces figures retourner
en carroffes dans les couvents qui les
avoient fournies. Nous les avons prifes
d'abord pour des Dames en habits
de cérémonie, qui alloient vifiter les

églifes fuivant l'ufage , & nous avons commencé à ôter nos chapeaux à mefure qu'elles paffoient. Quelques-uns de nos amis nous ont induits en erreur, en nous difant , à l'approche des voitures : » Voilà la Princeffe une » telle ; voici la Ducheffe .«..... En un mot nous avons fait une demi-douzaine de révérences avant de découvrir que nous nous trompions.

LA proceffion étoit terminée par une groffe châffe d'argent qui renfermoit les os de fainte Rofalie ; elle étoit portée par trente-fix des Bourgeois les plus refpeéctables de la Ville, qui regardent cette commiffion comme un très-grand honneur. L'Archevêque marchoit derrière & donnoit fa bénédiction au peuple , à mefure qu'il paffoit.

DÈS que la proceffion eut fait le tour de la grande place , devant le

palais du Préteur, la superbe fontaine qui eſt dans le centre, une des
plus belles de l'Europe, ſe changea
en fontaine de feu, & lança de tous
côtés des fuſées. Cet artifice ne dura
que quelques minutes & finit par
une bruyante exploſion. Comme on
ne s'y attendoit point, elle produiſit beaucoup d'effet & ſurprit plus
que tout le reſte les ſpectateurs.

L'ASSEMBLÉE ſe retira alors;
ce matin tout eſt rentré dans ſon
ordre naturel; & je vous aſſure
qu'il étoit tems de reprendre ſon aſ-
ſiette ordinaire. Les ſpectacles, les
veilles & la diſſipation de ces cinq
jours ont fatigué & épuiſé tout le
monde. Cependant cela nous a fait
beaucoup de plaiſir; & je puis vous
aſſurer avec vérité que la pompe de la
fête de ſainte Roſalie eſt infiniment
au-deſſus de celle de la Semaine Sainte
à Rome, de l'Aſcenſion à Veniſe, ou

de toute autre fête dont j'aye jamais
été témoin.

JE ne vous ai pas dit qu'il y a environ un ou deux jours que le tems
fixé pour notre retour à Naples, étant
écoulé, nous avions loué un petit bâtiment & tout préparé pour notre départ ; nous avions même pris congé
du Viceroi & reçu nos paſſe-ports.
Notre bagage & nos proviſions de
mer étoient déja embarqués, lorſque
nos amis nous ſollicitèrent avec tant
d'empreſſement & de cordialité de
paſſer encore quinze jours avec eux,
que nous n'avons pas pu nous y refuſer ; & il a fallu faire décharger notre bâtiment. Je ne vous rapporte cette
particularité que pour vous montrer
combien on a ici plus d'égards pour les
Etrangers que dans la plupart des
Villes du Continent.

NOUS leur ſommes fort redevables
de

nous avoir contraints à prolonger notre féjour, puifqu'indépendamment des
amufemens de la fête, nous avons
trouvé en eux tant d'hofpitalité & de
politeffe, que c'eft avec le plus grand
regret que nous nous voyons forcés
enfin de les quitter. Si nous avions
apporté de Naples nos habits & nos
livres, je ne fais pas combien nous
refterions de tems ici.

Nous avons envoyé fréter un
bâtiment; mais il eft probable que
nous ne ferons voile que dans cinq à
fix jours. Adieu.

LETTRE XXXI.

Antiquités ; Camesena ; Temple de Cérès à Enna ; Temple de Vénus Erécine ; Différence qu'on remarque dans les descriptions qu'Homère & Virgile ont données de la Sicile.

A Palerme, le 19 Juillet 1770.

Nous avons fait des recherches sur quelques-unes des antiquités de cette Ville, & nous avons trouvé plusieurs personnes, en particulier le Prince de Torremuzzo, qui se font fort appliqués à l'étude de cette matière. Je vois cependant qu'il faut parcourir bien des fables avant d'arriver à quelque chose de certain & de satisfaisant.

La plûpart des Auteurs Siciliens s'accordent à tirer leur origine de

Ham ou Cham, fils de Noé, qui, à ce qu'ils prétendent, est le même que Saturne. Ils disent qu'il bâtit une grande ville qui, de son nom fut appellée Camesena. Il y a de grandes disputes sur sa situation. Bérose suppose qu'elle étoit bâtie où *Camarina* fut ensuite fondée, & que ce nom n'est qu'une corruption du premier qu'elle porta d'abord. Guarneri, Carrera & d'autres combattent cette opinion, & assurent que Camesena étoit situé au pied de l'Etna, entre Aci & Catane, presqu'en face des trois rochers qui portent encore le nom de Cyclopes. Carrera fait mention d'une inscription qu'il avoit vue dans des ruines près d'Aci, qu'on regardoit comme le tombeau d'Acis, & il croit qu'elle suffit pour décider la question (*a*):

(*a*) » Hæc est inscriptio vetustæ cujusdam tabellæ repertæ in pyramide sepulchri Acis, ex

ILS ajoutent que ce même Cham étoit un grand fcélérat, & qu'on lui donna le furnom d'*Efenus*, qui fignifie *infâme*, pour défigner fon caractère. Suivant Fazzello, il époufa fa propre fœur appellée Rhéa : Cérès fut le fruit de ce mariage ; mais loin d'hériter des vices de fon pere, elle régna fur la Sicile avec beaucoup de fageffe & de modération. Elle apprit à fes fujets l'art de faire du pain & du vin, avec le bled & le raifin que l'ifle produifoit en abondance fans culture. Sa fille Proferpine étoit auffi belle & auffi vertueufe que fa mere. Orçus, roi d'Epire, la demanda en mariage, & l'enleva par force, après

―――――――――――――――――

» fragmentis vetuftiffimæ Chamefenæ urbis hodie
» Acis, conditæ à Cham, gigantum Principe,
» etiam nuncupato Saturno Chamefano in promon-
» torio Xiphonio, ubi adhuc hodie vifuntur folo
» æquata antiqua veftigia & ruinæ dictæ Urbis,
» & arcis in Infulâ prope fcopulos Cyclopum,
» & retinet adhuc fyncopatum nomen La Gaz-
» zena «.

avoir effuyé un refus, ce qui a donné occafion à l'imagination défordonnée des Grecs d'inventer la fable de l'enlèvement de Proferpine par Pluton roi des enfers, parce que cet Orcus étoit d'un caractère fombre & chagrin.

CÉRÈS a toujours été la Divinité favorite des Siciliens. Elle avoit placé le fiege de fon Empire au centre de l'ifle, fur le fommet d'une colline élevée appellée Enna, où elle fonda la ville de ce nom. C'eft encore une place confidérable, & on l'appelle à préfent Caftragiovanni ; mais on n'apperçoit prefque plus rien des ruines de l'Enna.

CICERON fait une defcription particulière de cet endroit. Il dit qu'à caufe de fa fituation au centre de la Sicile, on lui donnoit le nom d'*Umbilicus Siciliæ*, & il en parle comme du pays le plus beau & le plus fertile du monde. Le temple de Cérès à Enna étoit célèbre chez tous les payens, & ils y alloient en pélerinage, ainsi qu'on va aujourd'hui à Notre-Dame de Lorette. Fazzello dit qu'on avoit tant de vénération pour cette Déesse, que lorsque la ville fut surprise & pillée par les esclaves & les barbares, ils n'osèrent pas toucher à ce temple sacré, quoiqu'il renfermât plus de richesses que le reste de la Ville. Il en reste à peine aujourd'hui quelques vestiges.

Il y a eu de violentes disputes parmi les Auteurs Siciliens pour savoir si Proserpine fut enlevée près la ville d'Enna, ou de celle de l'Etna qui étoit au pied de la montagne; mais cela est peu important, & je crois qu'on doit plus d'égard à l'autorité de Ciceron, qui décide la question en faveur d'Enna, qu'à celle de tous les autres Ecrivains. Diodore pense de même, &

il décrit ce canton presque dans les mêmes termes que l'orateur de Rome. Ils le peignent tous deux comme un paradis terrestre , rempli de jolis bosquets , de fontaines & de clairs ruisseaux , & couvert comme l'Etna de toutes sortes de fleurs à chaque saison de l'année. Vous pouvez joindre à ces témoignages celui de Milton , qui le compare au paradis même. Si vous voulez en savoir davantage sur cette matière , vous pouvez lire les Oraisons de Ciceron contre Verrès , & le cinquieme Livre de Diodore. J'ai parlé à plusieurs personnes qui ont vu ce beau pays , & on m'assure qu'il répond parfaitement à la description que ces Auteurs en donnent. On dit qu'on y trouve encore des médailles qui portent une figure élégante de Cérès , & sur le revers un épi de bled ; mais je n'ai jamais pu m'en procurer aucune.

IL y avoit en Sicile un autre
temple qui n'étoit pas moins fameux
que celui de Cérès : il étoit dédié à
Vénus Erécine ; & comme le premier, il étoit bâti fur le fommet d'une
montagne très-élevée. Cette montagne s'appelloit anciennement *Eryx*
ou *Erice*, comme prononcent les
Siciliens ; mais on la nomme aujour-
d'hui *San Juliano*. Les Hiftoriens
Grecs & Romains parlent fouvent de
la montagne & du temple, & les
Siciliens s'accordent fur fa fituation &
fon origine qu'ils font prefque auffi
ancienne que celle du temple de
Cérès. Diodore dit que Dédale après
fa fuite de Crète, y fut reçu avec
hofpitalité, & qu'il employa toutes
les connoiffances qu'il avoit en architecture à embellir ce temple. Il
l'enrichit de plufieurs beaux morceaux
de fculpture, & en particulier de la
figure d'un bélier d'un travail fi

achevé, qu'il fembloit être vivant. Je crois que Ciceron parle de ces faits.

ENÉE dans fon voyage de Troye en Italie, débarqua auffi fur cette partie de l'ifle, & fuivant Diodore & Thucidide, il fit de très-riches préfens à ce temple. Virgile ne s'eft pas contenté de ce trait : comme il veut rehauffer en tout la piété de fon héros, il le fait fondateur du temple, (a) contre le fentiment de tous les Hiftoriens. La réputation & la gloire de ce lieu facré s'accrurent pendant plufieurs fiècles, & les Romains eurent encore pour lui plus de vénération que les Grecs. Fazzello citant l'autorité de Strabon, dit qu'on impofoit fur dix-fept villes de la Sicile, de gros tribus, pour foutenir la dignité

(a) » Tum vicina aftris Erycino in vertice fedes
» Fundatur Veneri Idaliæ, tumuloque Sacerdos,
» Et lucus late facer additur Anchifæ «.

& les énormes dépenfes que coûtoit l'entretien du temple. Il y avoit deux cens foldats nommés pour fa garde , & le nombre des Prêtres, Prêtreffes & Miniftres , tant hommes que femmes , eft incroyable.

Un grand nombre de pigeons qu'on regardoit comme faifant partie du cortège de Vénus , avoient coutume de paffer entre l'Afrique & l'Italie à certaines faifons de l'année ; & comme ils s'arrêtoient pendant quelques jours fur le mont Eryx & autour de ce temple , le peuple imagina que la Déeffe y étoit elle-même en perfonne , & on dit que dans ces occafions on l'adoroit avec beaucoup de ferveur. On inftitua des fêtes en fon honneur , & la femme la plus modefte étoit obligée d'en accomplir les cérémonies , fous peine de paffer pour prude. Il y en avoit peu qui méritaffent ce reproche. On dit que celles d'Eryx fouhaitoient ardemment l'arrivée des pigeons, & même qu'elles avoient coutume de répandre de la vefce autour du temple pour les engager à y féjourner plus long-tems (*a*).

Vénus a eu pour fuccefleur Saint-Julien, qui à préfent donne fon

---

(*a*) L'idée d'adreffer fur cette montagne plutôt qu'ailleurs un culte particulier à Vénus, pourroit bien avoir tiré fon origine de la beauté des femmes qui l'habitent, tout comme on regardoit, par la même raifon, dans l'ancienne Grèce, Gnide comme le féjour chéri de cette Divinité. Effectivement la petite ville de Trapani renferme encore aujourd'hui les plus belles perfonnes de la Sicile ; il s'en trouve même fouvent dont la beauté fait la fortune, en leur procurant les mariages les plus avantageux ; elles font auffi blanches qu'une Allemande ou une Angloife puiffe l'être, & joignent à ces teints éclatans de grands yeux noirs, les plus pleins de feu, les plus vifs du monde, avec des profils à la Grecque de la plus exacte régularité ; c'eft fans doute à un air plus pur, plus ferein, plus fubtil, qu'il faut attribuer la caufe d'une conformation auffi heureufe.

Voyage du Baron de Riedefel en Sicile.

nom à la ville & à la montagne: les
Siciliens lui rendent de grands honneurs. Ils prétendent que lorsque cette
Ville fut affiégée Saint – Julien parut
fur les murailles armé de pied en
cap ; qu'il effraya tellement l'ennemi,
qu'à l'inftant il prit la fuite, & que
depuis ce tems-là cette Ville n'a plus
été attaquée.

On trouve encore plufieurs médailles dans le voifinage ; mais il ne
fubfifte pas le moindre veftige de ce
temple. Quelques marbres avec des
infcriptions & des gravures, qu'on a
tirés de deffous terre, font prefque les
feuls monumens qui atteftent fon
exiftence. Suétone dit qu'il étoit tombé
en ruines avant le règne de Tibère ;
mais comme Vénus étoit la Divinité
favorite de cet Empereur, il le fit ré-
parer magnifiquement. Il eft cependant difficile de concilier ce récit
avec celui de Strabon, qui nous dit

qu'au tems où il vivoit, il étoit entiérement abandonné; & en effet, cela
est très-probable, puisqu'il n'en reste
plus aujourd'hui aucune trace, ce qui
n'est pas vrai des grands ouvrages du
règne de Tibère.

Enée débarqua au port de Drepanum, exactement au pied de cette
montagne. C'est ici que mourut son
pere Anchise, en l'honneur duquel il
célébra, environ un an après, à Carthage, ces jeux si bien décrits dans
l'Enéïde: Virgile a tiré avec beaucoup
d'adresse de cet épisode, un compliment adressé à la piété d'Auguste, qui
avoit institué des Jeux de la même
espèce en l'honneur de Jules César son
pere par adoption.

Il est singulier que la description
que fait Virgile de cette partie de
la Sicile, soit si différente de celle
qu'en donne Homère, puisque leurs

deux héros la visitèrent à-peu-près au
même-temps. A la vérité Virgile semble avoir suivi les Historiens dans
cette partie de son Poëme, plutôt que
le sentiment d'Homère, qui place
dans le pays qui reçut Enée avec tant
d'hospitalité, l'habitation de Polyphême & des Cyclopes, où Ulysse
perdit plusieurs de ses compagnons,
& dont il eut tant de peine à s'é-
chapper. L'isle de Licosia, où il
amarra sa flotte, est très-près du port
de Drepanum, & Homère dit que
l'aventure de Polyphême arriva sur la
côte de Sicile, exactement vis-à-vis de
cette isle. Virgile a pris la liberté de
changer entièrement le lieu de la
scène, parce qu'il connoissoit mieux
qu'Homère la géographie & l'histoire
du pays, & il la transporte, peut-être
avec beaucoup de raison, au pied du
mont Etna. Je crains qu'il n'ait pas également bien fait de changer l'action
même, & de contredire le récit qu'on

trouve dans Homère, car Ulyſſe dit
que 4 de ſes compagnons ayant été dé-
vorés par Polyphême, il ſauva tous les
autres par ſon adreſſe, & qu'il s'échappa
le dernier de la caverne. Virgile fait
dire un menſonge à Ulyſſe ; il affirme
qu'il laiſſa Achemenides derrière lui,
tandis qu'Achemenides raconte cette
hiſtoire d'une manière très-différente ;
il aſſure auſſi que Polyphême ne dé-
vora que deux de ſes compagnons,
& qu'enſuite ils lui crevèrent ſon œil
(*acuto telo*) avec un trait aigu ; ce qui
donne plutôt l'idée d'une pique ou
d'une javeline, que celle d'une longue
perche de bois toute embraſée, ainſi
que le dit Homère. Il y a d'ailleurs
pluſieurs autres perſonnages auxquels
on peut appliquer cette obſervation.
Ne croyez pas pour cela que Virgile
ſoit plein de négligence, ou qu'il a
manqué de déférence pour ſon Maître ;
on ne l'a jamais accuſé de l'un ni
l'autre de ces défauts.

LES Auteurs Siciliens ne font pas contens de lui, parce qu'il fuppofe qu'Enée fut le fondateur du temple de Vénus Erécine. Ils conviennent que la Colonie qu'il fut obligé d'y laiffer après l'incendie de fes vaiffeaux, bâtit, en honneur de fa mere Vénus, la ville d'Erice autour de fon temple; mais ils foutiennent tous que le temple fut conftruit par Erix, ou, comme ils l'appellent, par Erice, autre fils de Vénus, mais beaucoup plus âgé qu'Enée, le même qui réfifta à Hercule par qui pourtant il fut tué dans un combat de lutte qui fe donna près du pied de cette montagne. Le lieu où l'on fuppofe que s'eft paffé cet évènement, conferve encore le nom de champ d'Hercule, (*il campo d'Hercole*). Dans tout le cinquieme Livre de l'Enéïde, cet Erix eft appellé frere d'Enée; & dans fa Defcription des jeux, il y parle des mêmes gantelets avec lefquels il combattit Hercule,

in

in hoc ipfo littore, en ce même en-droit. La vue de leur énorme groffeur étonna toute l'armée & effraya tellement le champion Darès, qu'il refufa abfolument de combattre.

ADIEU. Nous aurons l'Opéra dans deux jours, & je penfe que nous quitterons bientôt après la Sicile.

LETTRE XXXII.

Monte – Pelegrino ; fainte Rofalie ; ancienne Fortereffe ; Situation de Palerme ; Antiquité de cette Ville ; Infcriptions.

A Palerme, le 21 Juillet 1770.

NOUS fommes allés au mont Pelegrino rendre nos derniers devoirs à fainte Rofalie & la remercier du grand nombre de fpectacles qu'elle nous a procurés. C'eft un des voyages les plus

Tome II.   Q

fatigans que j'aie fait de ma vie. La
montagne eft très-élevée & fi extraordinairement efcarpée que le chemin
qui y conduit eft appellé avec raifon
la fcala ou l'échelle. Avant la découverte de fainte Rofalie, elle étoit prefque regardée comme inacceffible ; mais
les habitans de Palerme ont conftruit
à grands frais un beau chemin fur des
rochers qui font prefque perpendi-
culaires. Nous avons vu la Sainte au
milieu de fa grotte, dans l'attitude
qu'elle avoit lorfqu'on la trouva ; elle
a fa tête appuyée négligemment fur fa
main, & un Crucifix devant elle. C'eft
une ftatue d'un très-beau marbre
blanc & du travail le plus fini, qui
eft placée dans l'intérieur de la caverne, au même endroit où l'on dit
que mourut fainte Rofalie. Elle repréfente une jeune fille d'environ 15 ans &
d'une figure intéreffante, qui eft en acte
de dévotion. L'Artifte a trouvé moyen
de répandre un air extrêmement tou-

chant dans fon maintien & fur fa phy-
fionomie. Je n'ai jamais rien vu qui
m'ait tant affecté, & je ne fuis pas
furpris qu'elle ait captivé les cœurs
des Siciliens. Elle eft couverte d'une
robe d'or & ornée de quelques joyaux
précieux. La caverne eft d'une étendue confidérable & extrêmement fombre. On a bâti une églife aux environs ;
il y a des Prêtres chargés de veiller
fur les précieufes reliques de la Sainte
& de recevoir les offrandes des péle-
rins qui viennent les vifiter.

On a trouvé dans une caverne de
la montagne Quefquina, à une diftance
confidérable de celle-ci, une infcription gravée de la main de fainte Rofalie elle-même. On dit que cet antre
n'étoit pas affez paifible pour elle, &
qu'elle fe retira de là au mont Pelegrino, comme en un lieu plus foli-
taire & plus inacceffible. Je la co-
pierai exactement telle qu'on l'a con-

fervée dans le mauvais latin de la Sainte :

EGO ROSOLIA
SINIBALDI QUISQUI-
NE ET ROSARUM
DOMINI FILIA AMORE
DEI MEI JESU
CHRISTI,
IN HOC
ANTRO HABITA-
RI DECREVI.

APRÈS que fainte Rofalie eut quitté la caverne où cette infcription a été trouvée, on n'en entendit plus parler qu'au bout d'environ 500 ans, lorfqu'on fit la découverte de fes offemens.

ON jouit au fommet du mont Pelegrino d'une vue très-belle & très-étendue. Si le jour eft bien clair, on apperçoit la plupart des ifles Lipari, & même une grande partie de l'Etna, quoiqu'on en foit alors éloigné de

presque toute la longueur de la Sicile.
La *Bagaria* & le *Colle*, couverts d'un
grand nombre de jolies maisons de
campagne, forment un charmant coup
d'œil. On voit très-bien la ville de
Palerme qui est à environ deux milles
du pied de la montagne. Plusieurs
personnes sont montées à son sommet
pendant la grande illumination, pour
voir le bel effet qu'elle produisoit ;
mais malheureusement cette idée ne
nous est pas venue.

ON voit encore près du milieu de
cette montagne & non loin du sommet, quelques petits restes d'un célèbre fort ou château dont les Auteurs
Siciliens font remonter l'origine jusqu'à l'antiquité la plus reculée. Massa
dit qu'on croit qu'il fut bâti lors du
règne de Saturne, immédiatement
après le déluge ; car au tems des premieres guerres puniques, il étoit déja
fort respecté à cause de son anti-

Q 3

quité. C'étoit alors une place forte; &
les anciens Historiens en font souvent
mention. On lit dans le 23ᵉ. Livre de
Diodore, qu'Amilcar la défendit trois
ans contre toutes les forces des Romains qui entreprirent en vain de l'en
chasser avec une armée de quarante
mille hommes.

PALERME est située à l'extrémité
d'une espèce d'amphithéâtre naturel,
formé par des montagnes de roche
extrêmement hautes; mais le pays qui
est entre la ville & ces montagnes,
est certainement un des cantons les
plus fertiles & les plus pittoresques
de la terre. On croit appercevoir par-
tout un jardin magnifique, couvert
d'arbres fruitiers de toute espèce, &
arrosé par des fontaines limpides & des
ruisseaux qui forment un grand nombre de tours & de détours sur cette
plaine délicieuse. Tant d'avantages ont
mérité à Palerme plusieurs épithètes

flatteufes. Les Poëtes fur-tout l'ont appellé *conca d'oro*, la *coquille d'or*, pour exprimer à la fois fa fituation & fa richeffe. On l'a nommée auffi *Aurea Valle*, *Hortus Siciliæ*, (*vallée d'or*, *jardin de la Sicile*) ; & pour réunir tous ces avantages, on lui a donné, même fur les Cartes, l'épithète de *Felix*, *l'Heureufe*.

Quelques étymologiftes prétendent que fon premier nom de *Panormus* lui avoit été donné à caufe de la fécondité de cette vallée, & que ce mot dans le vieux langage grec fignifie « tout jardin : » d'autres rejettent cette explication & affurent avec plus de vraifemblance, qu'elle fut appellée *Pan-ormus*, mot qui fignifie en grec, *tout port*, à caufe de la grandeur & de la commodité de fes havres, dont l'un pénétroit autrefois jufqu'au centre de la ville. Diodore le penfe ainfi, & Procope, dans fon hiftoire de la

guerre des Goths, dit que même au
siecle de Belisaire, le port étoit si
profond, que ce Général y conduisit
ses vaisseaux jusqu'au pied des murailles de la ville, & que de-là il livra
l'assaut. On ne peut plus lui appliquer
ce surnom avec autant de raison qu'autrefois : ces havres ont été presqu'entiérement détruits & comblés, probablement par les torrens impétueux qui
descendent des montagnes dont ils sont
environnés, & qu'on dit avoir ravagé
quelquefois une grande partie de la
ville. Fazzello parle d'une inondation
dont il a été témoin oculaire : les eaux
se précipitèrent sur la ville avec tant
de fureur qu'il crut qu'elle seroit entiérement submergée. Il dit qu'elles
renversèrent la muraille près du palais
du Roi, qu'elles entraînèrent deux
mille Eglises, Couvens ou maisons, en
un mot, tout ce qui s'opposoit à leur
passage, & que plus de trois mille
personnes périrent dans cette catastro-

phe. Les débris & les ruines portés à la mer par un pareil torrent suffiroient feuls pour combler un petit havre , de forte qu'on ne doit pas être étonné que ces ports fi vaftes qui rendoient cette ville célèbre , ne fubfiftent plus.

On croit ordinairement qu'après Chamefena, Palerme eft la plus ancienne ville de la Sicile. Il eft vrai qu'on y trouve encore quelques monumens qui font remonter fon origine jufqu'aux fiècles les plus reculés. Un Evêque de Lucera, qui a écrit fur ce fujet , croit que Palerme fut fondée au tems des premiers Patriarches. Vous rirez d'abord, ainfi que moi, de cette prétention ; mais l'Auteur ne l'appuie pas fur de fimples conjectures ; il la foutient avec des preuves fi fortes qu'elles m'ont un peu ébranlé. On découvrit il y a environ 600 ans, une infcription Chaldéenne fur un bloc

de marbre blanc ; Guillaume II qui
regnoit alors , la fit traduire en latin
& en italien : l'Evêque ajoute qu'il fe
trouve encore aux environs de Palerme
plufieurs fragmens avec des infcriptions tronquées , dans la même langue , & il croit que la ville fut bâtie par
les Chaldéens dès les premiers âges du
monde : voici la traduction littérale du
texte. » Pendant qu'Ifaac fils d'A-
» braham , regnoit dans la vallée de
» Damas , & qu'Efaü fils d'Ifaac,
» gouvernoit l'Idumée, un grand nom-
» bre d'Hébreux , fuivis de plufieurs
» habitans de Damas & de la Phéni-
» cie, abordèrent fur cette ifle trian-
» gulaire, & choifirent leur habitation
» dans ce bel endroit , auquel ils
» donnèrent le nom de *Pan-ormus* «.

L'EVÊQUE traduit une autre infcription Chaldéenne qui eft très-
curieufe. On la conferve ; mais on
n'en a pas autant de foin que le mé-

rite un si précieux monument d'antiquité : elle est placée sur une des anciennes portes de la ville , & elle pé-
rira probablement lorsque cette porte
tombera en ruine : la traduction est
en latin : en voici une en françois.

» Il n'y a d'autre Dieu qu'un seul
» Dieu : il n'y a pas d'autre puis-
» sance que ce même Dieu. Il n'y a
» pas d'autre conquérant que ce Dieu
» que nous adorons. Le Commandant
» de cette tour est Saphu , fils d'Eli-
» phar , fils d'Esaü , frere de Jacob ,
» fils d'Isaac , fils d'Abraham. Le
» nom de la tour est Baych , & celui
» de la tour voisine est Pharat «.

Ces deux inscriptions semblent s'expliquer naturellement. Fazzello les a
conservées toutes les deux , & il remarque à l'occasion de cette dernière,
qu'il en résulte évidemment que la
tour de Baych fut bâtie avant l'âge

de Saphu , qu'on dit avoir été le commandant de la tour & non son fondateur.

UNE partie des ruines de cette tour subsiste encore , & on y trouve d'autres inscriptions Chaldéennes , mais si mutilées & si usées, qu'on n'a pas pu en deviner le sens Fazzello se fâcha un jour contre des maçons qui démolissoient ces précieux restes ; il s'en plaignit amérement au Sénat , à qui il reprochoit avec beaucoup de justice sa négligence & son indifférence.

En raisonnant sur ces matières, j'ai fait une objection contre l'étymologie grecque de *Panormus*, à un Savant qui est très-versé dans les antiquités de cette ville : je lui ai dit qu'il paroissoit extrêmement absurde de donner un nom grec à une ville , long-tems avant l'existence de la Nation grecque, & que

j'étois fort furpris de ce que Fazzello
n'avoit pas entrepris de répondre à cette
objection. Il eft convenu qu'elle étoit
embarraffante & que Fazzello avoit eu
tort de ne pas y penfer ; mais il m'a
affuré que *Pan-ormus*, ou un mot
approchant, fignifioit en chaldéen
ainfi qu'en hébreu, un paradis ou
jardin délicieux, & que les Grecs
n'avoient pas cru devoir le changer. Je n'étois pas affez favant pour
contredire cette explication : il a
ajouté auffi que *Pan-ormus* étoit un
mot Arabe qui fignifie *toute eau* ; que
c'étoit probablement pour cela que
les Sarrafins ne changerent pas ce
nom, ainfi qu'ils bouleverferent toute
autre chofe, parce qu'il exprimoit
auffi bien la fituation de Palerme
qu'aucun autre qu'ils auroient pu lui
donner ; cette ville eft effectivement
entourée de tous côtés par de jolies
fontaines de l'eau la plus pure, qui
coulent des montagnes voifines.

JE vous prie de montrer cette lettre à notre ami M. Crofts, & de lui demander son sentiment sur ces étymologies & ces antiquités : dites - lui que je n'ai pas oublié sa commission, & que je lui procurerai tous les livres les plus anciens & les plus inintelligibles qui soient à Palerme ; mais je dois le supplier, pour le repos & la tranquillité du genre humain, de ne pas en faire une nouvelle édition : c'est à ces conditions que je lui envoie un fragment très - précieux d'une inscription Chaldéenne : il a été copié exactement sur un bloc de marbre blanc trouvé dans les ruines de Baych. Adieu : le tems est devenu extrêmement chaud : le thermomètre est à 80 degrés.

LETTRE XXXIII.

*Utilité de la glace dans un pays chaud ;
Pêcheries de Sicile ; le Thon ; le
Pesce-Spada ou l'Empereur ; Manière de pêcher pendant la nuit ; Pêche du corail ; Tyrannie du Gouvernement ; Principe du système féodal en Sicile ; Parlement ; Inquisition ; Autorité du Viceroi ; Forces
militaires ; Vaisseaux de* Bandiere.

A Palerme, le 24 Juillet 1770.

Nous avons appris, dans le cours
de nos conversations avec des hommes
instruits de cette ville, plusieurs choses sur la Sicile, qui seront peut-être
dignes de votre attention ; & comme
il fait aujourd'hui si chaud que je ne
puis pas sortir, je tâcherai de me les
rappeller pour votre amusement &

pour le mien : le thermomètre est à
81 $^{d}\frac{1}{2}$, & vous pouvez juger de l'état
où se trouvent nos corps accoutumés
au climat du Nord.

J'AI cependant toujours observé
dans ces climats du midi , que, quoique la chaleur soit beaucoup plus
forte que dans notre patrie , elle n'est
cependant pas ordinairement suivie de
la langueur & de l'abattement d'esprit que produisent nos jours brûlans d'été. Je suis sûr que si on éprou-
voit en Angleterre une chaleur égale
à celle-ci , on seroit épuisé , & que
personne ne penseroit à lire ni à écrire;
cependant je n'ai jamais eu plus de
vivacité , & je crois que la grande
quantité de glaces que nous prenons,
peut contribuer à cette heureuse dis-
position ; car je vois que ce sont les
meilleurs cordiaux , ainsi que l'eau
glacée , qu'on puisse employer dans
les chaleurs très-violentes. Non-seu-
lement

lement ces boissons rafraîchissent, mais comme le bain froid, elles communiquent tout-à-coup une nouvelle vigueur à l'estomac & tendent toutes les fibres. Il est surprenant que jusqu'à présent nous ayons si fort négligé cet article de luxe, qui suivant moi, est le plus agréable de tous & peut-être le seul qui contribue à la santé.

Je connois une Dame Angloise à Nice, qui en très-peu de tems s'est guérie d'une consomption très-menaçante, en n'employant d'autre remède que des glaces, & je suis très-persuadé qu'un habile Médecin qui les ordonneroit à-propos, opéreroit beaucoup de guérisons dans les maladies d'estomac ou inflammatoires, parce qu'il n'est rien qui agisse plus fortement & d'une manière plus immédiate sur la machine : il est sûr qu'on entretient la maladie, lorsque dans ces cas on administre des potions chaudes ;

Tome II. R

on est ici dans l'usage de faire boire beaucoup d'eau de glace dans les violentes fièvres inflammatoires ; cela même va si loin , que M. San- ghés , célèbre Médecin de Sicile, a souvent couvert la poitrine & le ventre de ses malades de neige & de glace , & on nous a assuré que cet expédient avoit eu plusieurs fois du succcès. Je dois pourtant ajoû- ter qu'il n'a pas été généralement adopté.

C'est peut-être à cause des avan- tages que me procure actuellement la glace que je vous en fais un si bel éloge, car je suis très-persuadé que si je n'en avois pas une certaine quan- tité sur ma table, je serois bientôt obligé de cesser d'écrire & de m'aller coucher ; mais lorsque je commence à être fatigué , un verre de cette eau me ranime & me donne de la vi- gueur.

JE vais vous parler à-préfent des pêcheries de l'Ifle.

LA pêche du thon eft un des plus grands amufemens des Siciliens pendant l'été : la falaifon & l'envoi qu'ils font à l'étranger de ce poiffon, eft une des premières branches de leur commerce. Nous fûmes invités hier par le Prince Sperlingno à une de ces parties de pêche ; mais la chaleur étoit fi violente que nous ne pûmes pas y aller.

CE poiffon ne paroît dans les mers de Sicile que fur la fin de Mai ; c'eft alors qu'on prépare les *tonnaros* pour les recevoir : c'eft une efpèce de château aquatique, conftruit à grands frais de filets très-forts, attachés au fond de la mer par des ancres & des morceaux de plomb très-péfans.

ON place toujours ces tonnaros dans

les paſſages, au milieu des rochers &
des iſles que le thon fréquente davantage. On a ſoin d'en fermer preſque entiérement l'entrée avec des filets : on
n'y laiſſe qu'une petite ouverture qui
eſt appellée la porte extérieure du
tonnaro : elle conduit dans la prémiére
chambre, ou, comme ils la nomment,
dans la ſalle. Dès que le poiſſon y eſt
entré, les pêcheurs qui ſont en ſenti-
nelle dans leur bateau, ferment cette
porte extérieure, & laiſſent tomber
un petit filet, ce qui empêche le thon
de pouvoir ſortir : ils ouvrent alors la
porte intérieure de la ſalle, qu'ils appellent l'anti-chambre, & en faiſant du
bruit ſur la ſurface de l'eau, ils y
amènent bientôt le thon. Dès que le
thon eſt entré dans l'anti-chambre, la
porte intérieure de la ſalle ſe referme,
& on r'ouvre l'intérieure pour y ad-
mettre une plus grande quantité de
ces poiſſons.

QUELQUES tonnaros ont beaucoup de chambres différentes qui ont divers noms ; le fallon, la falle à manger, &c. mais la dernière eft toujours appellée la chambre de la mort : elle eft compofée de filets plus forts & d'ancres plus pefantes que les autres.

DÈS qu'on a raffemblé une quantité fuffifante de thon , on les chaffe de toutes les autres chambres dans celle-ci , & alors le maffacre commence. Les pêcheurs , & quelquefois auffi les fpectateurs , armés d'une pique ou d'un harpon, attaquent de tous côtés le pauvre animal qui eft fans défenfe , & qui fe livrant au défefpoir , frappe l'eau & les bateaux avec beaucoup de force , & fe heurte quelquefois lui-même contre les rochers ou les ancres.

VOUS voyez qu'il n'y a rien de bien

R 3

noble & de bien généreux dans cet amufement. La pêche du *Pefce Spada*, ou de l'*Empereur*, eft plus divertif- fante ; on n'employe point d'artifice pour l'attirer dans un piege ; mais on l'attaque en pleine mer avec un petit harpon attaché à une longue ligne, & on le frappe fouvent de fort loin: c'eft exactement la pêche de la baleine en petit. Les pêcheurs de ce pays, qui font très-fuperftitieux, proférent une certaine phrafe grecque comme un charme pour amener le poiffon près de leurs bateaux ; c'eft la feule amorce qu'ils employent : ils prétendent qu'elle eft d'une efficacité merveilleufe , & qu'elle contraint les poiffons à les fui- vre; au lieu que fi malheureufement ils entendent prononcer un mot italien, ils fe plongent auffi-tôt dans l'eau & on ne les revoit plus.

COMME ces poiffons font ordinai- rement gros & forts, on les pourfuit

quelquefois des heures entières avant
de les attraper , ce qui procure un di-
vertiſſement agréable. Leur épée , qui
a quatre ou cinq pieds de long &
qui eſt extrêmement aiguë , leur donne
dans l'eau une apparence formidable ,
ſur-tout après qu'ils ſont bleſſés. La chair
en eſt excellente ; elle reſſemble plus au
bœuf qu'au poiſſon , & on la découpe
ordinairement en côtelettes.

LA pêche de l'*empereur* eſt la plus
conſidérable qui ſe faſſe dans la mer
de Meſſine , où il y une grande quantité
d'anguilles ; on y trouve *la Morena* ,
ſi eſtimée chez les Romains , & qui
véritablement eſt le meilleur poiſſon
que j'ai jamais mangé.

CE n'eſt pas ſeulement contre les
gros poiſſons qu'ils ſe ſervent de har-
pons ; ils employent la même méthode
pour prendre des mulets , une eſpèce
particulière de maquereau , des *poiſſons*

R 4

dorés, & d'autres ; mais cette pêche
se fait toujours la nuit.

Dès que le jour finit, deux hommes entrent dans un petit bateau ; l'un
d'eux tient une torche allumée sur
l'eau, & l'autre a dans sa main son
harpon tout prêt à frapper : la lumière
de la torche attire bientôt le poisson à
la surface de la mer, & à l'instant le
harponneur l'attaque. J'en ai vu tuer
un grand nombre de cette manière, ici
& à Naples. Une flotte de bateaux
occupés à cette pêche, produit un joli
coup d'œil sur l'eau dans une belle
nuit d'été.

La pêche du corail se fait sur-tout
à Trapani. On y a inventé une machine qui est très-propre à cet objet :
ce n'est qu'une grande croix de bois,
au centre de laquelle on attache une
pierre dure & très-pesante, capable de
la porter au fond : on place des mor-

ceaux de petit filet à chaque membre
de la croix , qu'on tient horifontale-
ment en équilibre au moyen d'une
corde , & qu'on laiſſe tomber dans
l'eau. Dès que les pêcheurs ſentent
qu'elles touchent le fond , ils lient la
corde aux bateaux , ils rament enſuite
ſur les couches de corail ; la groſſe
pierre détache le corail des rochers ,
& il tombe ſur le champ dans les filets.
Depuis cette invention , la pêche du
corail eſt devenue une branche impor-
tante de commerce.

LES habitans de Trapani paſſent
pour les plus-induſtrieux de l'Iſle : ils
ont enrichi les arts de pluſieurs in-
ventions utiles. Un artiſte y a découvert dernièrement une manière de
faire les camées qui imitent parfaitement les antiques gravées ſur l'onyx :
il les travaille ſur une eſpèce de co-
quillage dur , d'après des empreintes
des meilleures antiques , & ils ſont

ſi parfaits , qu'il eſt difficile de les
diſtinguer des modèles lorqu'ils ſont
montés en or : on les porte ordinairement en forme de bracelets , & les
Dames de qualité de ce pays les eſti-
ment beaucoup. M^{de} Hamilton (a)
en a acheté l'année dernière une paire
qu'elle emporta à Naples, où ils furent très-admirés. On envoya ſur le
champ des commiſſions à Trapani ,
& l'ouvrier eut plus de beſogne qu'il
n'en put faire , cependant nous en
avons obtenu quelques paires pour nos
amis. J'ai vu des camées de deux
cens guinées qui ne ſont pas plus
beaux que ceux-ci.

L'EXTRÊME rigueur du Gou-
vernement impoſe aux pauvres Siciliens des entraves qui les obligent
quelquefois à inventer des branches
de commerce que la nature ſemble

_____

(a) A-préſent Lady Hamilton.

leur avoir refufées, parce qu'on ne leur permet pas de jouir de celles qu'elle leur a accordées.

On cultivoit autrefois dans cette Ifle une grand nombre de cannes de fucre; mais les impôts qu'on a mis fur cette marchandife font fi énormes, qu'on a prefque été obligé d'abandonner entiérement ces plantations. La vente feule de leurs bleds, fi elle étoit libre, fuffiroit bientôt pour rendre cette petite nation très-riche & très-floriffante; car on m'a affuré, que quoique la culture foit en très-mauvais état, le fol donne affez de productions pour nourrir les Infulaires pendant fept ans.

Vous ferez fort furpris d'apprendre enfuite que l'exportation de cette denrée eft abfolument défendue depuis plufieurs années, au moins à ceux qui ne peuvent pas payer des fommes

exorbitantes pour en obtenir le privilè-
ge. Il s'enfuit que le bled eft tombé à un
vil prix. Le prix commun de la falme
qui pefe deux charges, étoit d'environ
31 fchelings : il eft à préfent réduit à
5 fch. 6 pences, & il eft probable qu'il
diminuera encore dans la fuite.

On m'a dit que les agriculteurs ont
recueilli avec affez de négligence la
récolte de cette année, qui a été très-
abondante, parce qu'il eft peu vrai-
femblable que cette défenfe cruelle foit
fupprimée. Les fermiers font déja
ruinés, & leur ruine va entraîner infailliblement celle de leurs maîtres :
c'eft l'expédient qu'a employé le mi-
niftère de Naples ou plutôt celui d'Efpagne, pour humilier l'orgueil des
Barons de Sicile qui, à ce qu'on prétend, ont encore un pouvoir trop
étendu & une jurifdiction abfolue ;
plufieurs d'entr'eux ayant droit de
vie & de mort dans leur domaine ;

mais il est probable qu'ils feront bientôt forcés à renoncer à leurs privi-
leges, ou qu'ils se révolteront (a).

Nous avons vanté quelquefois les
richesses de la Sicile, & ils nous ré-
pondoient : vous auriez raison d'en parler, si nous pouvions en jouir : re-
gardez ces montagnes, elles contiennent de riches veines de métaux, &
on y voit encore plusieurs des mines
des Romains ; mais pourquoi les fouil-
lerions-nous ? ce n'est pas nous qui en
retirerions le profit ; & même la découverte de quelque chose de précieux
deviendroit peut-être la ruine de celui
qui l'auroit faite. Non, les trésors
cachés de l'Isle doivent rester ensevelis
dans les entrailles de la terre. Si nous
avions le bonheur de vivre sous une

_____

(a) Ce que M. Brydone avoit prédit est arrivé ;
mais la sagesse du Gouvernement a sçu réprimer
cette fermentation passagère qui n'a pas eu de
suite.

conftitution pareille à la vôtre, vous auriez droit de nous appeller riches: nous aurions alors des fources d'opulence auxquelles on ne penfe pas maintenant, & nous recouvrerions bientôt la gloire & l'importance de notre ancien nom ; mais à préfent nous ne fommes rien.

VOILA le langage que nous tenoient quelques nobles de la première qualité ; cependant ils fe glorifient toujours de conferver plus de reftes du Gouvernement féodal qu'aucune Nation de l'Europe. Mais il n'en fubfifte plus que le fantôme , & il y a long-tems que l'autorité royale a tout envahi : on a formé depuis plufieurs fiècles le projet d'anéantir les pouvoirs des Barons dans tous les Royaumes. Richelieu commença à exécuter ce fyftéme en France, & fes fucceffeurs ont tous marché fur fes traces ; fon influence s'eft répandue par degrés fur les contrées les plus éloignées de l'Europe, où il n'avoit pas pu s'établir d'abord.

LE Comte Roger posa le premier dans cette Isle les fondemens du systême féodal, vers le milieu du onzième siècle, immédiatement après qu'il en eut chassé les Sarrasins. Il divisa la Sicile en trois parties : il donna la premiere à l'Eglise, du consentement de son armée ; ses Officiers reçurent la seconde, & il réserva la troisieme pour lui.

DE ces trois branches, ou comme ils les appellent, de ces trois bras, (*bracios*) il forma son Parlement qui subsiste encore aujourd'hui, du moins quant à la forme. La branche militaire est composée de tous les Barons du Royaume, au nombre de 251, qui sont toujours obligés à un service. Ils ont pour chef le Prince Butero qui est Prési-

dent héréditaire du Parlement ; car
suivant l'esprit du Gouvernement féodal., quelques-uns des grands Offices
font toujours héréditaires ; les trois
Archevêques, tous les Evêques, Abbés, Prieurs & membres qualifiés du
Clergé, montant à près de 70, forment la branche ecclésiastique ; l'Archevêque de Palerme est leur chef.
La branche *domaniale* se forme par
élection, comme notre Chambre des
Communes : il y a quarante Villes
royales, appellées *domaniales*, qui
ont droit de choisir un Représentant.
Chaque propriétaire a une voix dans
cette élection. Leur Chef est le Représentant de Palerme, qui est aussi
Préteur ou Maire de la Ville. C'est
un Officier du rang le plus élevé, &
son pouvoir qui est très-étendu, n'est
inférieur qu'à celui du Viceroi. Lorsque celui-ci est absent, il exerce son
autorité. Il a une compagnie de grenadiers qui lui servent de gardes-du-
corps,

corps, & il prend le titre d'*Excel-lence.*

LE Préteur, avec six Sénateurs ap-pellés *Patriciens,* a l'administration en-tière du Gouvernement civil de la Ville. Il est nommé chaque année par le Roi ou le Viceroi, ce qui est la même chose ; car je ne vois pas que les ha-bitans jouissent encore du droit de donner leurs voix ; de sorte qu'il n'y subsiste pas même l'ombre de la li-berté. Vous pouvez juger de la liberté d'un Royaume où les membres de tous les Tribunaux Civils & Criminels sont nommés par autorité royale, où tous les emplois sont donnés par la volonté du Souverain, & dépendent entièrement de son caprice.

JE déplore sincérement le sort des Siciliens qui possèdent, je crois, plu-sieurs excellentes qualités ; mais l'es-

prit public des Nations doit infailliblement fuccomber fous un Gouvernement oppreffeur & tyrannique.
Ils ont pourtant eu le courage de fe
défendre contre un des maux les plus
cruels du defpotifme, l'Inquifition. Les
Rois d'Efpagne ont tâché de l'établir
dans toute fa rigueur ; mais les Barons
accoutumés à exercer une autorité abfolue, n'ont pas voulu devenir les
efclaves de quelques Prêtres Efpagnols. Tous les Inquifiteurs qui pouf-
foient trop loin leur zèle, étoient bientôt affaffinés, fur-tout s'ils s'avifoient
de fe mêler de la conduite & des opi-
nions de la Nobleffe. Cet expédient
ralentit leur ardeur & infpira de la
modération au Saint Office. Cependant
les habitans font ici très circonfpects
dans leurs converfations fur les matières religieufes, & ils avertiffent ordinairement les Etrangers de fe tenir
fur leurs gardes, parce que le pou-

voir de l'Inquisition, quoique diminué, n'est pas entièrement anéanti.

LES Loix de la Sicile sont répandues en un grand nombre de Vo-
lumes : le Roi de Sardaigne avoit
dessein de les abréger & d'en former
un Code ; mais malheureusement il
n'a pas possédé assez long-tems cette
Isle pour exécuter ce travail utile.
D'ailleurs les Loix servent peu où il
existe une autorité au-dessus de toutes
les Loix.

L'AUTORITÉ du Viceroi est ab-
solue ; il a à son entière disposi-
tion toutes les forces militaires du
Royaume, & il préside d'une manière despotique dans tous les Tribunaux civils ; & comme il est d'ailleurs revêtu du pouvoir de Légat, sa
domination n'est pas moins étendue
dans les matières religieuses

IL a droit de nommer à tous les grands offices du Royaume & de confirmer toutes les dignités civiles & ecclésiastiques.

IL visite les prisons deux fois par an ; & alors il peut délivrer tous les prisonniers qu'il lui plaît, modérer ou changer leurs sentences, après qu'on lui a fait lecture de leurs crimes & de leurs accusations. Afin pourtant qu'il respecte un peu les loix & la justice, il est toujours suivi dans ces occasions, d'un Conseiller qui est chargé de lui indiquer les bornes de cet usage. C'est un Officier très-respecté, nommé pour assister son Excellence dans ses décisions, lorsque les cas paroissent importans ou douteux ; & ce doit être un des plus habiles Jurisconsultes de l'Isle. On donne communément cette place à des Etrangers, afin que n'ayant point ici de parens ou de liai-

fons particulières, leur avis foit im-
partial & dirigé par la feule équité;
cet Officier entre librement dans toutes
les Cours & Tribunaux, afin qu'il foit
mieux en état de faire connoître au
Viceroi leurs procédés.

SUIVANT ce que j'ai pu apprendre, toutes les forces militaires de la
Sicile montent à 9500 hommes, dont
1200 environ font de cavalerie. Plufieurs de fes villes & fortereffes, &
en particulier Meffine, Syracufe &
Palerme, auroient befoin d'une nombreufe garnifon pour les défendre;
mais leurs fortifications & leur artillerie font dans un état qui ne
leur permettroit pas de faire beaucoup
de réfiftance.

SI cette Ifle appartenoit à une puiffance maritime, je crois qu'elle do-
mineroit fur tout le commerce du Le-

S 3

vant. Outre les grands ports de Trapani, Syracufe & Mefline, qui font à-
peu-près aux trois angles du triangle,
il y en a plufieurs petits à chaque extrémité. Dès qu'un vaiffeau auroit
paffé devant un de ces havres, les autres pourroient en être avertis dans
l'efpace d'une demi-heure, au moyen
des tours que les Siciliens ont conftruites pour fignaux tout autour de
l'Ifle, afin de s'avertir mutuellement
des invafions fubites que tentent les
peuples de la côte de Barbarie. Ces
tours font élevées fur chaque petit
promontoire à la vue l'une de l'autre.
On y entretient toujours des feux prêts
à allumer les fignaux, & il y a dans
chacune une perfonne nommée pour
cela ; de forte qu'on nous affure que
dans l'efpace d'une heure on peut donner l'allarme à toute l'Ifle.

Nous avons été témoins ici d'un

uſage qui paroît très-injuſte & qui pourroit enfin ruiner notre commerce de la Méditerranée. Pluſieurs vaiſſeaux ont mouillé dans ce port ſous pavillon Anglois ; & cependant il n'y avoit pas à bord un ſeul de nos compatriotes. On les appelle *vaiſſeaux de Bandière* ; peut-être que cette pratique eſt connue de notre Gouvernement, quoique je l'euſſe ignorée juſqu'à-préſent. Il y a un très-grand nombre de pareils bâtimens ſur cette mer, & ils font un trafic conſidérable dans toute la Méditerranée au détriment de nos propres vaiſſeaux. La plupart appartiennent à Gênes ou à la Sicile, quoiqu'ils paſſent ſous le nom de *Minorquins*. On m'a dit qu'ils achetoient des paſſe-ports de quelques-uns des Gouverneurs de nos garniſons, & ils peuvent alors commercer pendant le tems qui y eſt ſpécifié, en portant le pavillon de notre Nation. On m'aſſure qu'il y a pluſieurs centaines de ces

S 4

vaiſſeaux. Ils ont à bord un ou deux matelots Anglois, ou au moins quelqu'un qui parle notre Langue, afin de répondre, en cas de beſoin. Je vous prie de me mander ſi le Miniſtère eſt informé de cet uſage ?

ADIEU. La chaleur eſt abſolument inſupportable, & je ne puis plus écrire : cependant je ne finirois pas encore, ſi ma glace n'étoit pas toute fondue. Si ce tems-là continue, je crois que nous tomberons malades. Le thermomètre eſt à plus de 82 degrés, & la chaleur ſemble augmenter chaque jour. L'eau de la mer eſt même trop chaude pour s'y baigner, & elle ne nous rafraîchit plus commé autrefois.

LETTRE XXXIV.

Titres des Siciliens ; leur Luxe dans les voitures ; Préjugé ridicule.

A Palerme, le 26 Juillet 1770.

TOUT eſt prêt pour notre départ ; & ſi le vent continue à être favorable, voici la dernière lettre que vous recevrez de Sicile. J'aurois encore cependant bien des choſes à vous dire ſur les Siciliens & leur Iſle, & je vous aſſure que je les quitterai avec beaucoup de regret.

DEUX chébecs ont fait voile ce matin pour Naples : on nous a offert un paſſage ; mais nous avions déja loué un petit bâtiment pour nous ſeuls. Un jeune Gentilhomme, le Marquis de . . . . étoit à bord de l'un d'eux, & il a reçu ordre de ne plus remettre

les pieds à Palerme. Nous avons été
furpris du peu de rigueur de cette
peine, parce qu'il étoit coupable d'un
crime qu'on punit ordinairement avec
la plus grande févérité dans les pays
Catholiques. Il a féduit une Religieufe, qu'il avoit rencontrée à environ trente milles de cette Ville, dans
un endroit où on l'avoit envoyée prendre des bains pour fa fanté : fa mere
l'accompagnoit ; mais comme le jeune
homme étoit coufin de la demoifelle &
qu'ils avoient vécu long-tems comme
frere & fœur, la vieille Dame crut
qu'il n'y avoit point de danger à leur
permettre un peu de familiarité.

LA Religieufe fut bientôt guérie,
& s'en retourna dans fon couvent avec
un embonpoint fufpect. Il y a environ cinq ou fix mois que cela eft
arrivé ; & ce n'eft que depuis quelques jours qu'on a fait la fatale découverte. Mais, hélas ! elle ne pouvoit

pas cacher plus long-tems fa groffeffe. Le Gentilhomme eft banni de la Sicile pour la vie, & la plus grande partie de fes biens font confifqués ; il peut fe croire heureux d'avoir été traité avec tant de douceur.

LE châtiment de la malheureufe Religieufe ne fera déterminé qu'après fes couches ; on m'affure qu'il fera terrible. Elle fera probablement condamnée à vivre fept ou huit ans au fond d'un cachot, ayant une tête de mort & un Crucifix pour toute compagnie, & fans autre nourriture que du pain & de l'eau. J'ai vu à Portallegro en Portugal, une Religieufe qui avoit fubi cette peine pour la même faute.

ON tient cette hiftoire très-fecrette ; & fi nous n'avions pas connu intimement quelques perfonnes qui la favent, nous ne l'aurions jamais apprife.

LES Siciliens confervent quelques ufages des Efpagnols ; mais ils n'ont pas leur gravité & leur taciturnité. Les cadets des Nobles s'appellent *Dons*, & les filles *Donna*, comme on donne en Angleterre, le nom de *Lords* & de *Ladis* aux fils & aux filles des Ducs. L'aîné prend ordinairement le titre de *Comte* ou de *Marquis* ; mais ils ne font pas tous Comtes comme en France & en Allemagne, où j'ai vu fix Comtes dans une maifon, & près de douze Barons dans une autre.

UN des titres les plus ordinaires ici, ainfi qu'à Naples, eft celui de Prince ; & quoiqu'ils n'aient été créés pour la premiere fois que par Philippe II, Roi d'Efpagne, ils ont rang

avant les autres nobles, dont quelques-
uns, & en particulier les Comtes,
font remonter leur origine jufqu'au
tems des Normands, & regardent avec
beaucoup de mépris ces Princes nouveaux nés. Les Ducs & les Marquis
ne font pas fi anciens : les premiers
furent créés par Charles V ; & les
feconds, qui leur font inférieurs, par,
le Roi Alphonfe au quinzieme fiècle ;
de forte qu'on peut dire que la dignité
des titres Siciliens eft en raifon inverfe
de leur ancienneté.

C'est fur-tout dans leurs équipages & leurs chevaux, que les habitans
de cette ville, ainfi que les Napolitains, étalent leur luxe ; mais par une
fage loi du Roi de Sardaigne, que je
fuis furpris de voir encore en vigueur,
il n'y a que le carroffe du Viceroi qui
puiffe avoir fix chevaux ; le Préteur,
l'Archevêque & le Préfident du Parlement en ont quatre, & le refte de

la nobleſſe eſt reſtreint à deux. Ces
règlemens ne s'obſervent que dans
l'intérieur de Palerme ; car en allant à
la campagne , la voiture de chaque
noble eſt attelée de quatre chevaux.
Chaque famille de diſtinction a au
moins deux ou trois carroſſes pour
l'uſage journalier : il n'y a point d'homme du bon ton qui n'en donne un à ſa
femme ; ſans cela le Marino ne pourroit pas ſubſiſter , & les premiers
domeſtiques des grandes Maiſons rou-
giroient autant que leurs maîtres , ſi
on les voyoit marcher à pied. Nous
avons pris la liberté de tourner en ridicule la folie de ce préjugé : ils conviennent qu'il eſt abſurde , ils deſi-
rent qu'il ſoit aboli ; mais qui donnera l'exemple le premier ? Nous avions
à la fin déterminé quelques gentilshommes à ſe promener avec nous dans les
rues pendant les illuminations ; mais
leur condeſcendance à cet égard nous
faiſoit mieux voir encore l'extrava-

gance de leur préjugé ; car ils ne vouloient fortir qu'en faifant marcher leurs
domeftiques dix pas devant eux, avec
de gros flambeaux de cire, quoique
toute la ville fût éclairée de la manière
que je vous ai décrite plus haut. Vous
pouvez bien croire que nous n'é-
pargnâmes pas leur vanité en cette
occafion ; mais nos leçons furent inu-
tiles. Il eft poffible que quelques-uns
de nos ufages foient auffi ridicules : car
le ridicule n'eft le plus fouvent que rela-
tif, & il ne dépend que des tems & des
lieux. Vous vous fouvenez peut-être du
Prince Nègre d'Anamabou. J'aimerois
à entendre la defcription qu'il fait
de la Nation Angloife dans fon pays;
quelques-unes de nos coutumes le
frapperent bien plus fortement encore. Se promenant un jour au parc
de Saint-James, il apperçut une perfonne de fa connoiffance traînée dans
un phaéton attelé de quatre chevaux :
le Prince pouffa un grand éclat de rire :

quand on lui demanda de quoi il rioit, il répondit : » cet homme a-t-il » tant mangé à fon dîner qu'il faille » quatre chevaux pour le traîner ? Je » me fuis promené ce matin avec lui, » & il étoit aussi léger que moi : ce » doit être un grand fou ou un grand » glouton «. On lui propofa une autre fois d'aller à la Comédie : il y alla, & en fut bientôt ennuyé; & lorfqu'il retourna vers fes compagnons, ils lui demandèrent ce qu'il avoit vû; il répliqua, avec beaucoup de mépris, qu'il avoit vu des hommes jouer du violon, & d'autres faire les foux.

JE conclus de-là qu'il faut avoir de la circonfpection, lorfqu'on veut jetter du ridicule fur les ufages des autres Nations. Un Sicilien fe moqueroit peut-être avec autant de raifon de plufieurs de nos coutumes : ils rient, par exemple, de nous voir forcer à boire des hommes qui n'en ont pas envie,

des

" des Ecoſſois qui mangent du fromage
avant le dîner pour aiguiſer leur appétit, des Médecins & des Juriſconſultes qui portent d'énormes perruques, & de pluſieurs autres qui ſe
préſenteront naturellement à votre eſprit : elles ne paroiſſent en aucune
manière ridicules à ceux qui les pratiquent, & ils les défendroient avec autant de chaleur que nos Siciliens en met-
toient à ſoutenir qu'ils avoient beſoin de
flambeaux pendant la grande illumination. Ils ont joué d'une manière
admirable quelques-uns de nos ridicules dans une de leurs danſes d'opéra
qui nous a fort amuſé.

Je crois vous avoir dit que leurs
danſeurs arrivent de Londres ; ils
ont mis ſur le théâtre pluſieurs des
caractères les plus frappans de notre
capitale, les *Bucks*, les *Maccaronis*, les
Prigs, les *Cits*, & quelques autres en-

Tome II.　　　　　　　T

core plus refpectables. Ces pantomimes
font affez bien exécutés, & font beaucoup rire. Si l'on ne venoit pas m'in-
terrompre, je vous en aurois donné
une defcription plus particulière. Adieu,
la chaleur eft toujours infupportable,
& il n'eft pas poffible de fe promener.
Nous nous plaignons fans raifon du
climat de notre patrie, & je fuis perfuadé que la remarque du roi Charles
eft vraie : » il n'y a point de climat
» où dans le courant de l'année on
» puiffe faire autant d'exercice en plein
» air «.

LETTRE XXXV.

Les Siciliens font animés dans leurs conversations ; Cérémonies du Mariage ; Beauté des femmes ; Anecdote ; les Siciliens ont une paffion univerfelle pour la Poëfie.

A Palerme, le 27 Juillet 1770.

LES Siciliens font extrêmement animés dans la converfation, & leur action eft fi jufte pour l'ordinaire & elle exprime fi bien leurs fentimens, que même fans entendre ce qu'ils difent, on devine aifément le fujet de leurs difcours. Je croyois que les François & les Napolitains étoient fort habiles dans cet art de la pantomime ; mais je vois que les Siciliens leur font fort fupérieurs par la variété & la précifion de leurs geftes.

T 2

ILs font remonter l'origine de leurs grands geftes jufqu'au tems des premiers tyrans de Syracufe qui, pour prévenir les confpirations, avoient défendu, fous des peines très-févères, à leurs fujets de fe raffembler en troupes & de parler enfemble. Cette défenfe les obligea d'inventer une manière de fe communiquer leurs fentimens fans ouvrir la bouche, & ils ajoutent que depuis cette époque, l'art s'eft tranfmis chez eux de génération en génération.

CET ufage pourroit bien avoir donné la première idée de la Comédie, puifque l'on voit que peu de tems après, Epicarme, natif de Syracufe, conçut le plan de ce genre de fpectacle.

IL n'y a pas long-tems que les Siciliens confervoient encore un grand nombre d'anciens ufages extravagans

& fuperftitieux , fur-tout lors des mariages & des funérailles : il feroit ennuyeux de vous en faire le détail ; plufieurs fe pratiquent encore dans les
parties fauvages & montagneufes de
l'Ifle. Dès que la bénédiction nuptiale
eft finie , deux perfonnes du cortege
enfoncent dans la bouche des époux
une grande cuillerée de miel , en difant que c'eft un emblême de leur
amour & de leur union , & qu'ils
efpérent que le mariage fera aufli doux
à leurs ames que le miel à leurs palais : ils fe mettent enfuite à jetter
fur eux des poignées de bled , ce qu'ils
continuent jufqu'à ce qu'ils arrivent à la
maifon du mari : ce font probablement
les reftes de quelque ancienne cérémonie en l'honneur de Cérès leur Divinité favorite , & ils croient qu'elle ne
peut pas manquer de leur attirer une
nombreufe progéniture. Au refte les
femmes Siciliennes n'ont pas befoin
d'employer cet expédient pour avoir

T 3

beaucoup d'enfans, car elles font très-
prolifiques : Fazzello dit que de fon
tems elles en avoient fouvent plus de
40, & Carrera fait mention d'une qui
en eut 47.

ON ne permet pas aux jeunes ma-
riés de goûter du feftin des noces : on
prétend leur infpirer par-là la patience
& la tempérance ; mais lorfque le dîner
eft prefque fini , le pere de la femme
ou un de fes plus proche parens préfente à l'époux un grand os, en lui difant : » *rodi tu queft'offo* ; rongez cet os ;
» car vous venez d'en prendre un qui fera
» plus dur & plus difficile à digérer «.
Ceci a peut-être donné naiffance à
l'expreffion populaire dont on fe fert
en parlant de quelqu'un qui a entrepris quelque chofe de pénible : » il a
» un os à ronger «.

LES Siciliens, ainfi que les habitans
de plufieurs autres Nations de l'Eu-

rope, évitent avec soin de se marier dans le mois de Mai : ils regardent les mariages qui se font alors, comme de très-mauvais augure. Cette croyance superstitieuse étoit déja répandue chez les anciens Romains ; car leurs Auteurs en parlent souvent, & ce font eux qui l'ont transmise à presque toutes les Nations de l'Europe. On ne conçoit pas comment une idée si ridicule, qui n'a aucun fondement dans la nature, a pu subsister pendant tant de siècles. Il est vrai qu'il y a d'autres coutumes aussi puériles & qui ne font pas moins universelles, telle que celle de donner ce qu'on appelle des *poissons* d'Avril, l'usage du gâteau des Rois ; & quelques autres qui se présenteront à votre esprit, & dont je n'ai jamais pu apprendre l'origine.

LES nobles Siciliens célèbrent leurs mariages avec beaucoup de magnificence ; & on est étonné du grand nombre de voitures élégantes qu'on voit dans ces occafions. En recherchant à quelle époque ce luxe d'équipages avoit commencé, j'ai trouvé l'hiftoire du mariage de la fille d'un de leurs Vicerois qui époufa le Duc de Bivona en 1551 : la cérémonie eft décrite par Elenco qui en étoit fpectateur. Il dit que les Dames, ainfi que les Gentilshommes étoient tous montés fur de beaux chevaux richement caparaçonnés & précédés par des pages ; qu'il n'y avoit dans la ville que trois voitures, dont fe fervoient les malades qui ne pouvoient pas monter à cheval : il donne à ces voitures le nom de *Carette*, qui fignifie petits charriots.

LES femmes de Sicile fe marient très-jeunes, & voient fouvent leur cinquieme ou fixieme génération. Vous vous attendez fans doute à apprendre quelque chofe de leur beauté : en général, elles font enjouées & agréables,

& elles passeroient pour jolies en plusieurs endroits de l'Italie : un Napolitain ou un Romain leur accorderoient cette qualité ; mais un Piémontois, ainsi qu'un Anglois, diroit qu'elles font d'une figure ordinaire. Rien de si vague que nos idées fur la beauté des femmes : elles varient dans tous les climats, & on n'en trouve nulle part le véritable prototype : il n'y a pas deux nations, ni peut-être deux hommes qui y attachent précisément les mêmes marques caractéristiques, & chacun exalte l'idée qu'il s'en fait, fuivant la beauté des femmes qu'il eft accoutumé de voir ; de forte que la même perfonne peut nous paroître jolie ou laide, fuivant que nous en avons vu d'autres qui le font plus ou moins. Je me fouviens qu'après avoir parcouru la Savoye & le bas Valais, toutes les femmes que nous rencontrions en Suiffe, nous paroif-

foient des nymphes. On fait encore
cette réflexion en voyageant en quelques parties de l'Allemagne , & vous
vous rappellez combien il y a de différence entre une beauté de Milan &
une de Turin, quoique ces deux villes
foient proches l'une de l'autre. C'eft
dommage que la Junon de Zeuxis foit
perdue ; elle nous auroit montré l'idée
que fe formoient les anciens d'une
beauté parfaite. La Vénus de Médicis
a été regardée comme un modèle de
perfection ; mais ce fentiment eft ab-
furde , car eft-il poffible d'imaginer
qu'une beauté parfaite n'ait que cinq
pieds de haut ! Quelque figure qu'elle
eût faite parmi les anciennes Divinités
dans le Panthéon de Rome , je crain-
drois qu'elle ne brillât pas beaucoup
parmi les modernes dans celui de
Londres. En un mot , je crois qu'on
peut affurer avec certitude que la
beauté eft une qualité relative , & que

le *to-kalon* n'eſt pas le même, dans le phyſique comme dans le moral, en deux parties différentes du globe.

LES femmes ont ici de très-beaux cheveux, & elles entendent parfaitement l'art de les arranger avec le plus d'avantage : ils ne ſervent plus qu'à parer leur beauté ; mais on dit qu'autrefois elles furent, à l'imitation de Samſon, en tirer parti pour la défenſe de leur patrie. Cela vous paroîtra une énigme que tous les ſages de l'orient auroient peine à expliquer. Les Hiſtoriens rapportent (on ne ſait pas préciſément ſous quel regne) que cette ville aſſiégée depuis long-tems par les Sarrafins, étoit réduite à la famine ; mais ce qui embarraſſoit davantage les habitans, c'eſt qu'ils n'avoient point de matériaux pour faire des cordes d'arc, & ils étoient près de ſe rendre. Ils étoient dans cette ſituation, lorſqu'une Dame enflammée de l'amour de la patrie, s'avança & propofa aux femmes de couper leurs cheveux, & d'en faire des cordages. On fuivit fur le champ fon avis : vous favez que l'héroïfme des femmes ne manque jamais d'exciter celui des hommes : les affiégés animés par ce grand facrifice de la beauté, recommencèrent à fe défendre avec tant de vigueur que les affiégeans furent battus ; & un renfort étant arrivé bientôt après, la ville fut fauvée. Les femmes fe glorifient encore de cette hiftoire, qui a été célébrée par plufieurs de leurs Poëtes, comme vous l'imaginez bien. » Les cheveux de nos » Dames, dit l'un d'eux, font toujours employés au même ufage ; » mais ils ne lancent plus d'autres » flèches que celles de Cupidon, & » ils ne forment plus que des liens » d'amour «.

LES Siciliens aiment beaucoup plus l'étude que leurs voifins du continent,

& leur éducation est plus soignée.
Nous avons été fort surpris de voir
qu'au lieu des sujets frivoles &
oiseux que traite en conversation la
noblesse d'Italie, on prend plaisir ici
à parler de littérature, d'histoire, de
politique, & sur-tout de poësie : les autres branches de connoissances sont
moins répandues ; mais on peut dire
que celle-ci est universelle. Tout
Sicilien est sûr d'être inspiré par
les Muses à quelque tems de sa vie :
on ne croit jamais un amant tant qu'il
exprime sa passion en prose ; & contre
notre manière de penser, les déclara-
tions ne sont regardées comme vraies
qu'autant qu'elles sont poëtiques. Vous
voyez que l'inspiration est devenue ici
la preuve de la vérité.

Nous avons été étonnés en arrivant à Palerme, d'y trouver de jeunes
gentilshommes qui nous parloient Anglois ; mais nous le fûmes bien plus

quand ils nous prouverent qu'ils con-
noiſſoient parfaitement pluſieurs de nos
meilleurs Poëtes & de nos Philoſophes.
Nous avons trouvé en original dans pluſieurs bibliothèques les meilleures édi-
tions de Milton, Shakeſpear, Dryden,
Pope, Bacon, Bolingbroke.

NOTRE langue eſt tellement devenue à la mode qu'on la regarde
comme une partie eſſentielle d'une
bonne éducation. Le Viceroi & le Marquis Fogliano, homme d'un grand
mérite, ont fait une étude particulière de quelques-uns de nos Auteurs, & ils encouragent les progrès
que ces connoiſſances font dans le
Royaume. Pluſieurs Nobles parlent
un peu Anglois, & quelques-uns avec
aiſance, quoiqu'ils ne ſoient jamais
ſortis de l'Iſle. Le Marquis Natali, les
Comtes Statela & Buſchemi, le Duc
de S. Micheli, &c. &c. ſont de ce
nombre ; leur ſociété nous a fait

beaucoup de plaifir, & nous fommes charmés d'affurer que les lumières qu'ils ont font la moindre partie de leur mérite. Adieu.

LETTRE XXXVI.

Opéra ; la Gabrieli ; Perfection de fon chant & de fon jeu ; fes Caprices ; Ballet de l'Opéra ; Caractères Anglois qu'on y repréfente ; Inimitié entre les Siciliens & les Napolitains.

J'oubliois de vous parler de l'O-péra ; j'aurois été bien ingrat ; car nous nous y fommes fort amufés. Le premier & le fecond Acteurs font ex-cellens chanteurs ; & je penfe que nous les aurons à Londres dans quel-ques années. Ils ne font pas encore connus ; & je vous affure qu'on pour-roit les engager à très-bas prix ; mais on apprendra bientôt en Italie à efti-

mer leurs talens. Le premier s'appelle
Pacherotti ; il est très-jeune, & il est
encore absolument inconnu. Je suis
persuadé qu'il sera regardé comme
un des plus excellens Acteurs, lorsqu'il aura été entendu sur les différens Théâtres d'Italie. Il excelle dans
le pathétique qu'on néglige trop sur
la plupart des Théâtres ; je crois
qu'il donne plus d'expression qu'aucun
autre à ses airs de chant, & qu'il fait
plus d'impression sur les spectateurs,
parce qu'il sent toujours ce qu'il
dit. Il parle toujours au cœur, tandis
que la plupart des modernes Chanteurs ne s'adressent qu'à l'imagination.

La Gabrieli est la première Ac-
trice, & c'est assurément la plus grande
cantatrice du monde. Ceux qui chan-
tent sur le même Théâtre qu'elle,
doivent avoir beaucoup de talens ; autrement on ne pourroit pas les supporter : c'est le sort que subissent tous
les

les autres Chanteurs , excepté Pacherotti; & même il se regarda comme
perdu , lorsqu'il parut pour la première fois sur la scène avec elle. Elle
chantoit un air de *bravoure* très-ana-
logue à sa voix , qu'elle déploya d'une
manière si étonnante que le pauvre
Pacherotti s'enfuit derrière les cou-
lisses en poussant des cris, en déplo-
rant & regrettant d'avoir osé se présenter sur le même Théâtre avec une
Cantatrice si excellente ; il étoit fâché
d'ailleurs de voir ses petits talens éclip-
sés & il craignoit d'être accusé de pré-
somption , vice très-étranger à son
caractère.

CE fut avec peine qu'on l'engagea
à reparoître de nouveau ; mais les ap-
plaudissemens bien mérités qu'on donna à ses talens & à sa modestie lui
inspirèrent un peu de courage ; & lorsqu'en jouant un rôle d'Amoureux, il

Tome II. V

chanta un air tendre, qu'il adreſſoit à la Gabrieli, il y mit tant de vérité, qu'elle en fut émue, ainſi que l'aſſemblée.

JE ſuis ſurpris que dans ces morceaux ſi pathétiques, la puiſſance de la Muſique ne l'emporte pas ſur l'illuſion du rôle ; car la Poëſie, la Muſique, & l'action agiſſant de concert, doivent faire de grandes impreſſions ſur l'ame : cependant je n'ai pas ouï dire que cela ſoit arrivé plus d'une fois ; & ce fut le célèbre Farinelli qui produiſit cet effet. Il jouoit le rôle d'un héros captif, & il imploroit dans un air très-touchant ſa grace & celle de ſa maîtreſſe auprès d'un tyran farouche & cruel qui les avoit fait ſes priſonniers. L'Acteur qui repréſentoit le tyran, fut tellement attendri par les accens plaintifs de Farinelli, qu'au lieu de lui refuſer ſa demande, comme le portoit la pièce, il oublia entiére-

ment son caractère, fondit en larmes
& serra le captif dans ses bras.

LE jeu & le chant de la Gabrieli
sont si connus & si admirés, qu'il est
presque inutile de vous en parler. Sa
merveilleuse exécution & la volubilité
de sa voix raviffent depuis long-tems
toute l'Italie ; & on a été obligé d'inventer un nouveau terme pour exprimer son talent. Si en chantant elle se
proposoit autant de plaire que d'éton-
ner, elle pourroit presque opérer les
prodiges qu'on a attribués à Orphée
& à Timothée ; mais heureusement
peut-être pour le repos du genre humain, son caprice est aussi extrordi-
naire que ses talens, & la rend encore
plus méprisable que ceux-ci ne l'ont ren-
due célèbre. Son caractère est ainsi devenu un préservatif suffisant contre les
charmes de sa voix & ceux de sa personne,
qui ne sont pas moins séduisans.

V 2

Mais ſi à ces qualités elle joigñoit un eſprit modeſte & aimable, elle auroit fait de terribles ravages dans le monde. Cependant avec tous ſes défauts, c'eſt la plus dangereuſe Syrène de ces tems modernes, & elle a fait plus de conquêtes qu'aucune autre. Je dois vous dire auſſi, pour lui rendre juſtice, qu'elle n'a point l'ame mercénaire, & qu'elle a donné, au contraire, pluſieurs preuves éclatantes de généroſité & de déſintéreſſement. Elle eſt très-riche; on croit que ſes biens proviennent des libéralités du dernier Empereur qui deſiroit paſſionnément de l'attacher à Vienne; mais les tracaſſeries & les querelles que ſon eſprit intriguant plus encore que ſa beauté avoient excitées, la firent chaſſer de cette Ville, comme elle l'a été de preſque toutes celles de l'Italie.

IL y a ſur ſon compte un grand

nombre d'anecdotes qui formeroient un volume très-amufant : on m'a dit qu'on alloit bientôt les publier.

QUOIQU'ELLE ait beaucoup plus de trente ans, elle ne paroît pas en avoir dix-huit fur le Théâtre ; cet art de paroître toujours jeune n'eft pas un des moindres de cent autres qu'elle poffède. Lorfqu'elle eft de bonne-humeur & qu'elle veut bien faire ufage de toute fa voix, il n'y a rien qu'on puiffe comparer à fon chant ; elle chante au cœur autant qu'à l'imagination quand il lui plaît, & elle exerce un empire abfolu fur toutes les paffions ; mais elle eft rarement en état de déployer cette puiffance divine ; fon caprice & fes talens l'emportant tour à tour, elle a été alternativement, pendant tout le cours de fa vie, un objet d'admiration & de mépris. Elle excelle prefque autant dans l'action & dans le récitatif que dans

V 3

le chant. Quelques paroles de fon récitatif avec un fimple accompagnement
excitent une émotion que jamais aucun autre Chanteur n'a infpirée ; &
d'après cet effet, je fuis porté à croire ce
que J. J. Rouffeau avance fur cette branche de la Mufique pour laquelle nous
avons tant de dédain. Elle doit beaucoup aux confeils de l'Abbé Métafta-
fio ; il lui a fur-tout donné d'excellentes leçons fur le jeu & fur le récitatif,
& il dit qu'elle fait plus valoir fes Opé-
ras qu'aucun autre Virtuofe.

ELLE eft fi opiniâtre & fi décidée
dans fes caprices que l'intérêt, la
flatterie, les menaces, les punitions,
ne font pas la moindre impreffion fur
elle ; & lorfqu'on veut les combattre,
on ne fait que les augmenter, foit
qu'on la traite avec refpect ou avec
mépris.

ELLE condefcend rarement à dé-

ployer fes talens enchanteurs ; mais
elle exerce fur-tout fa malignité
quand elle imagine qu'on s'attend à
la voir briller ; au lieu de chanter fes
airs comme les autres Actrices, elle
les chante alors entre fes dents ou à
demi-voix ; & rien ne peut l'engager
à contenter les fpectateurs, lorfque
cela ne lui plaît pas.

L'EXPÉDIENT le plus sûr qu'on
ait jamais pu trouver, eft de prier
fon amant favori, (car elle en a toujours un) de fe placer au centre du
parterre ou dans la loge qui eft vis-à-
vis le Théâtre ; s'ils font parfaitement d'accord, ce qui arrive rarement, elle lui adreffe tous fes airs
tendres & elle déploie tous les charmes de fa voix. Son favori actuel
nous avoit promis de nous en donner
un exemple : il s'étoit placé dans
l'endroit convenable ; mais la Gabrieli foupçonnant probablement qu'il

V 4

s'entendoit avec nous, ne daigna pas faire attention à lui; ainfi cet expédient ne réuffit pas toujours.

Le Viceroi, qui aime paffionnément la Mufique, a pris en vain toutes fortes de mefures pour triompher de fon caprice. Il donna il y a quelque tems un dîner à la principale Nobleffe de Palerme, & il fit prier la Gabrieli d'être de la partie; toutes les autres perfonnes arrivèrent fucceffivement à l'heure fixée. Le Viceroi fit retarder le dîner pendant quelque tems, & envoya chez elle pour lui annoncer que la compagnie l'attendoit. Le meffager la trouva lifant dans fon lit; elle dit qu'elle étoit mortifiée d'avoir fait attendre la compagnie; elle chargea le député de faire fes excufes & de dire qu'elle avoit réellement oublié cet engagement.

Son Excellence vouloit lui par-

donner cette impertinence ; mais lorfque les conviés allèrent à l'Opéra, la
Gabrieli joua fon rôle avec la dernière négligence, & elle chanta tous
fes airs *fotto voce*, c'eft-à-dire d'une
voix fi baffe, qu'on pouvoit à peine
les entendre. Le Viceroi fut offenfé ;
cependant comme il n'eft pas violent,
il différoit toujours à faire ufage de
fon autorité ; mais enfin révolté de la
voir perfévérer dans fon infolente opi-
niâtreté, il fut obligé de la menacer
d'une punition, fi elle refufoit encore
de chanter.

CETTE menace la rendit plus obfti-
née ; elle déclara qu'en employant la
force & l'autorité, on ne viendroit
point à bout de ce qu'on exigeoit
d'elle, qu'on pouvoit la faire crier,
mais que jamais on ne pourroit la faire
chanter. Le Viceroi l'envoya alors en
prifon, où elle refta douze jours. Pendant ce tems, elle donnoit de fomp-

tueux repas ; elle paya les dettes de
tous les pauvres prifonniers , & diftri-
bua de groffes fommes d'argent par
charité. Le Viceroi fut contraint de
céder , & elle fut remife en liberté au
milieu des acclamations des pauvres.
Heureufement pour nous , elle eft à-
préfent de bonne-humeur , & elle veut
bien quelquefois faire ufage de tous
fes talens.

ELLE dit qu'elle a été demandée
plufieurs fois par les Adminiftrateurs
de notre Opéra ; mais elle croit qu'elle
ne pourra jamais fe réfoudre à aller
en Angleterre. Vous ne devinez pas la
raifon qu'elle en donne ; elle n'eft pas
mauvaife. » Je ne puis pas commander
» à mon caprice ; il m'entraîne le plus
» fouvent ; & fur votre Théâtre, je
» ne ferois pas la maîtreffe de faire
» toutes mes volontés. Si je me met-
» tois dans la tête de ne pas chanter,
» on dit que la populace m'infulteroit

» & que peut-être on m'affomme-
» roit. J'aime mieux dormir ici en
» bonne fanté, quand même ce feroit
» en prifon «. Elle ajoute que ce n'eft
pas toujours le caprice qui l'empêche
de chanter, & que des caufes phyfi-
ques l'en rendent de tems en tems in-
capable. Je fuis affez porté à le croire ;
car cette flexibilité prodigieufe de la
voix, qui parcourt fi rapidement &
avec tant de netteté les tons les plus
variés, & produit prefque dans un
inftant un fi grand nombre de modu-
lations, dépend à coup fûr d'une difpofition de fibres très-fujette à des va-
riations. Si elles font un peu relâchées
ou que leur élafticité foit diminuée,
comment eft-il poffible que leurs
contractions & leurs expanfions obéif-
fent affez promptement à la volonté
pour produire ces effets? L'ouverture de
la glotte qui forme la voix, eft extrêmement petite, & fon diamètre doit
fe refferrer plus ou moins à chaque

ton différent ; car lorfqu'elle conferve
le même diamètre, elle doit produire
le même ton. Ses refferremens & fes
dilatations font fi prodigieufement min-
ces, que le Dr. Keil compte, je crois,
que dans quelques voix, cette ouverture qui n'a pas plus d'un dixième
de pouce, eft divifée en plus de douze
cents parties ; & une oreille exacte
diftingue le fon différent de chacune.
Quelle délicateffe de tenfion ne doit-il
pas y avoir dans les fibres ! J'imagine
que le plus léger changement de
l'air doit y caufer une différence no-
table, & que dans nos climats nébu-
leux, les fibres feroient en danger de
perdre cette incroyable fenfibilité, ou
au moins que fouvent elles ne fe trou-
veroient pas d'accord. Il n'en eft pas
de même d'une voix ordinaire qui ne
parcourt pas autant de divifions & qui
n'eft pas auffi flexible que celle de la
Gabrieli.

Un des ballets de l'Opéra que nous
avons vus, représente les jardins du
Vauxhall; & c'eſt la troiſieme fois
que j'ai vu le Vauxhall ſur les Théâtres
d'Italie, à Turin, à Naples & ici. Cette
imitation eſt aſſez fidèle; & l'idée
doit en avoir été donnée par quelqu'un qui ait été ſur les lieux. On y
a mis pluſieurs figures Angloiſes;
quelques-unes ont de groſſes perruques friſées, qui pendent d'un pied &
demi au-delà du col, & d'autres en
ont de petites, écourtées & extrêmement ridicules. Les uns entrent ſur
la ſcène en culottes de peau & en bonnets de palefreniers, faiſant claquer
leurs fouets; d'autres ſont armés d'un
gros bâton de chêne; leurs cheveux
forment un énorme catogan, & ils
attachent quelque choſe derrière leur
col pour le renfler encore davantage.
Ce qui divertit le plus l'aſſemblée,
ce ſont trois filles publiques qui de
concert avec leurs amoureux, dupent

trois Quakers. Vous penfez bien qu'on a fort exagéré ces ridicules ; mais la caricature en eft très- gaie & nous a fait beaucoup rire. Nous avons cependant été fâchés de voir des perfonnages auffi venérables que les Quakers, tournés en ridicule ; & comme les gens de ce pays ne les connoiffent en aucune manière, nous nous fommes efforcés de faire connoître la fimplicité & la pureté de leurs mœurs & l'intégrité de leurs principes qui font à l'épreuve de toute corruption.

QUOIQUE les Siciliens foient en général un peuple d'un bon naturel, & qu'ils paroiffent avoir beaucoup de philantropie & d'urbanité, il faut pourtant convenir qu'ils n'ont pas une grande affection pour leurs voifins du Continent, qui à leur tour le leur rendent bien. C'eft une obfervation peu honorable pour la nature humaine, qu'il n'y ait pas dans toute l'Europe,

deux Nations limitrophes , qui ne
foient perpétuellement en difpute. Je
defirerois que nous fuffions exceptés
de cette règle ; mais je fuis fâché de
voir par quelques-unes de nós Ga-
zettes qu'on envoie ici, que ce reproche
s'adreffe à nous plus qu'à perfonne ;
du moins nos animofités font plus
de bruit que celle d'aucun autre peuple. Des Etrangers nous ont fouvent
demandé quel étoit le fondement de
tant de querelles fi fcandaleufes chez
un Peuple célèbre par la générofité de
fes fentimens, & nous avons peine à
le leur perfuader. Quoique les Papiers
publics difent quelquefois que toute la
Nation s'y intéreffe, elles ne font cependant excitées que par une troupe
de miférables qui mettent le feu pour
piller pendant l'incendie. Mais les injures qu'on dit au Roi les étonnent
beaucoup plus que tout le refte ; &
vous ne pouvez pas imaginer la furprife & l'indignation qu'ils ont mon-

trées, lorfque nous les avons affurés
que c'eft un Prince vertueux & bien-
faifant Vous êtes donc, s'écria un
noble Sicilien, le plus abominable
peuple de la terre. Je fus très-frappé de
cette imputation échappée tout-à-coup;
& ce ne fut qu'après lui avoir expliqué
fort en détail la liberté de notre conftitution, & fur-tout celle de la preffe,
que je pus l'engager à revenir un peu de
fes préventions & à concevoir de nous
une opinion plus favorable. Il perfifta
à foutenir qu'un fi grand abus de la
liberté étoit une nouvelle preuve de fa
propofition, & qu'il devoit y avoir
bien de la méchanceté dans une Nation où l'on permet d'outrager ainfi le
plus facré de tous les caractères, l'extrême vertu réunie au rang le plus
élevé. Nous l'affurâmes que c'étoient
les hommes les plus vils & les plus cor-
rompus de la Nation qui difoient ces
injures, & que profitant de la liberté
de la preffe, ils fouffloient la fédition
dans

la manière la plus élégante, qui repréfentoient des temples, des taber-
nacles & différens morceaux d'architecture. Les divers couvens & ordres
religieux fourniffent cette fingulière
décoration, & ils tâchent mutuellement
de fe furpaffer par la richeffe & le bon
goût de ce travail. Quelques-unes
n'ont pas moins de 60 pieds d'éléva-
tion. Elles font remplies de figures
de Saints & d'Anges, faites en cire,
très-bien imitées & fi admirablement peintes que plufieurs fembloient
réellement être animées. Toutes ces
figures font faites par les Religieufes
qui les parent de robes d'or & d'argent.

Nous nous fommes fort amufés en
voyant ce matin ces figures retourner
en carroffes dans les couvents qui les
avoient fournies. Nous les avons prifes
d'abord pour des Dames en habits
de cérémonie, qui alloient vifiter les

pourrons demeurer ici un jour ou deux de plus.

LETTRE XXXVII.

Fontaines remarquables en Sicile ; Bains sulfureux ; Source d'eau chaude dans la mer ; Os de Géants ; Population ; Récolte de Bled ; Manière de conserver le grain ; Productions de la Sicile ; Soude ; Miel sauvage ; Sucre ; Suc de Réglisse ; Oranges ; Noix de Pistache ; Manne ; Cantharides ; Marbres ; Pierre de Savon ; Pierre de Mousseron , &c ; Mont Etna ; Avantages qu'il procure.

A Palerme, le 29 Juillet 1770.

JE n'ai ni le tems ni les connoissances nécessaires pour vous donner beaucoup de détails sur l'histoire naturelle de cette Isle ; cependant j'ai été frappé dans mes courſes, de quelques objets dont il ne ſera pas inutile de vous parler.

IL y a preſque dans toute la Sicile un grand nombre d'eaux minérales. Pluſieurs ſont bouillonnantes de chaleur ; d'autres encore plus ſingulières ont un degré de froid ſupérieur à celui de la glace, & cependant ne gèlent jamais.

ON trouve en pluſieurs endroits des fontaines qui jettent ſur leur ſurface une eſpèce d'huile que les payſans brûlent à leurs lampes & qu'ils emploient à d'autres uſages. Mais près de Nicoſia, il y en a une qui eſt encore plus remarquable & qu'on appelle *il Fonte Canalotto* ; elle eſt toujours couverte d'une écume épaiſſe d'une eſpèce de poix, que les gens de la campagne regardent comme un remède ſouverain contre les rhumatiſmes & d'autres maladies.

L'EAU du petit lac Naſo eſt fort
célèbre par la propriété qu'elle a de
teindre en noir tout ce qu'on y plonge ;
elle donne cette couleur ſans le mêlange
d'aucun autre ingrédient , quoiqu'elle
ſoit très-pure & très-tranſparente.

CE pays eſt rempli de bains ſulfu-
reux , comme ceux des environs de
Naples , où la chaleur de la vapeur
procure au malade une ſueur très-
abondante. Les plus fameux ſont ceux
de Sciaccia & ceux de la montagne
de Cologero ; ils ne ſont pas dans le
voiſinage de l'Etna , comme je l'aurois
imaginé ; ils en ſont très-éloignés.
Je ſuis très-porté à croire que non-
ſeulement l'Etna , mais encore la
plus grande partie de la Sicile &
preſque toutes les Iſles adjacentes,
ont été formées originairement par
un feu ſouterrein ; mais j'aurai occaſion de m'étendre davantage ſur cette
matière , en vous décrivant les envi-

rons de Naples. J'ai vu de la lave, de
la pierre-ponce en plusieurs endroits
de la Sicile fort loin de l'Etna ; &
il y a un grand nombre de montagnes & de vallées qui exhalent toujours une vapeur chaude, & qui produisent toujours des sources d'eau
bouillante.

On trouve à un mille & demi à
l'Ouest de cette Ville, sur une petite
grève, où nous allons souvent nous
baigner, plusieurs fontaines d'eau
chaude qui s'élèvent du fond de la
mer jusqu'à cinq ou six pieds de sa
surface. Nous fûmes d'abord fort surpris de nous trouver presque au même
instant dans un bain chaud & dans
un bain froid ; car d'un seul élan,
nous dépassions l'eau chaude, qui ne
s'étend qu'à quelques pieds autour de
sa source. Ce changement nous causa
un frisson extraordinaire qui n'é-
toit point du tout agréable. J'ai

parlé de cette particularité à plufieurs
perfonnes d'ici, qui m'ont dit avoir
obfervé fouvent la même chofe.

Non loin de là, il y a une célèbre fontaine appellée *il Mar dolce*,
où l'on voit quelques reftes d'une ancienne Naumachie ; & les habitans
du pays montrent une montagne
qui eft au-deffus d'une caverne, où
l'on a trouvé le fquelette d'un Géant,
lequel tomba entièrement en pouf-
fière, lorfqu'on entreprit de le tranf-
porter. Fazzello affure que fes dents
furent les feules parties qui réfifterent à
l'impreffion de l'air, qu'il s'en pro-
cura deux, & qu'elles pefoient près
de deux onces. Les Légendes de la
Sicile rapportent plufieurs hiftoires de
cette nature ; & c'eft une opinion
prefque univerfelle que cette Ifle étoit
autrefois habitée par des Géants. Mais
quoique nous ayons fait beaucoup de
recherches, nous n'avons jamais pu

voir aucun de ces os de Géants qu'on conferve, dit-on, en plufieurs endroits de l'Ifle. Si cette affertion étoit fondée, il eft probable qu'il y en auroit quelques-uns dans les cabinets; & nous n'avons rencontré aucun homme de bon fens & digne de foi, qui nous ait affuré qu'il en avoit vus. On nous avoit dit à Naples, que le Mufeum de Palerme contenoit un fquelette entier de plus de dix pieds de haut; mais cela n'eft pas vrai. On y voit beaucoup d'antiques & d'objets d'hiftoire naturelle, quoiqu'il ne foit pas fupérieur à ceux que l'on trouve ailleurs.

Le nombre des habitans de Palerme eft évalué à environ 150000. On a trouvé par le dernier dénombrement, qu'il y en avoit dans toute l'Ifle, 1,123,163, dont à-peu-près 50,000 Moines ou Religieufes; on compte qu'il y a 268,120 maifons,

& conféquemment cinq à fix perfonnes
par chaque maifon.

LE bled a toujours été le premier
article du commerce de la Sicile, &
ce qui fait la richeffe de l'Ifle. Ces
Infulaires s'adonnent à plufieurs autres
branches de trafic, qui cependant ne
pourroient pas être comparées à celle-
ci, s'ils vivoient fous un Gouvernement libre & fi l'exportation étoit
permife. Leur manière de conferver
le grain paroîtra un peu fingulière à
nos Fermiers : au lieu de l'expofer,
comme nous, en plein air, ils ont
grand foin de le tenir foigneufement
renfermé. Ils ont creufé en plufieurs
endroits où le fol eft fec, fur-tout près
d'Agrigente, de grandes cavités ou cavernes dans le rocher. Ils y font un
trou au fommet par où ils verfent
leur bled, lorfqu'il eft extrêmement
fec; après l'avoir comprimé fortement, ils bouchent le trou pour le

préferver de la pluie ; & on nous affure que de cette manière, le bled fe conferve plufieurs années.

LA foude eft une plante qui eft fort cultivée & dont on tire beaucoup de profit ; c'eft le végétal qui, par le moyen du feu, fe convertit en verre. On en envoie toutes les années une grande quantité aux verreries de Venife. Les Siciliens font auffi un commerce confidérable de régliffe, de riz, de figues & de raifins de Corinthe, dont les meilleurs croiffent parmi les volcans éteints des ifles Lipari. Leur miel eft excellent ; en quelques endroits de la Sicile, il eft fupérieur à celui de Minorque ; il eft redevable fans doute de fa bonté au grand nombre de plantes aromatiques qui couvrent tout ce beau pays. On recueille ce miel pendant les mois de Juillet, Août & Octobre. Les payfans le trouvent dans

les trous des arbres & des rochers ;
& il paſſe pour meilleur que celui qui
ſe produit ſous la tyrannie de l'homme. Le canton du petit Hybla eſt encore, comme autrefois, l'endroit le
plus célèbre pour cette production.
Le Comte Statela nous a fait préſent
de quelques ruches levées ſur les domaines du Prince de Spaccaforno ſon
pere, qui ſont près des ruines de cette
Ville.

Le ſucre n'eſt plus un article du
commerce de la Sicile, quoiqu'on en
faſſe encore une petite quantité pour
la conſommation du pays. On m'a dit
pourtant que les plantations des cannes ſont très-floriſſantes en pluſieurs
parties de l'Iſle.

Le ſuc de régliſſe ſe prépare ici &
en Calabre, & on l'envoie dans les
pays ſeptentrionaux qui en font beaucoup d'uſage pour les rhumes. On le

fait avec la décoction de la racine, qu'on a desséchée jusqu'à consistance d'extrait ; on le met ensuite en rouleaux enveloppés dans des feuilles de laurier, telles que nous les recevons.

On m'a dit que dans quelques cantons au Nord de l'Isle, on trouve le poisson à coquille qui produit une espèce de lin dont on fait des gands & des bas ; mais il y a une beaucoup plus grande quantité de ces coquillages en Calabre.

Les plantations d'orangers, de limoniers, de bergamotes, d'amandiers, &c. &c. sont considérables ; on y cultive aussi la noix de pistache avec beaucoup de succès. Ces arbres, comme plusieurs autres, sont mâles & femelles ; le mâle appellé *scorno-bacco*, est toujours stérile ; mais si on n'en met pas un certain nombre dans chaque plantation, les pistachers ne

portent pas une feule noix. De toutes
les productions de la Sicile, l'arbre
qui diftille la manne paffe pour le
plus précieux ; il reffemble au frêne
& il eft de la même efpèce. On fait une
incifion à l'écorce près la racine, au
commencement du mois d'Août, pendant la plus grande chaleur ; il en fort
une liqueur épaiffe & blanchâtre qui
fe durcit bientôt au foleil ; alors on
la ramaffe & on la met en caiffes. On
renouvelle ces incifions chaque jour
durant la faifon , & l'on a foin de ne
faire l'incifion que d'un côté de l'arbre, & de réferver l'autre pour l'été
fuivant.

LES mouches cantharides font un
des articles du commerce de la Sicile;
on les trouve fur plufieurs arbres de
l'Etna , dont le fuc paffe pour être
corrofif & abfterfif , & en particulier fur le pin & le figuier ; &
on dit que ces cantharides de l'Etna

font préférables à celles de l'Espagne.

Les marbres de la Sicile feroient une fource de richeffe, fi on
encourageoit l'exploitation des carrières; il y en a un grand nombre
& de la plus belle qualité. J'ai vu
de ces marbres prefque auffi beaux
que le jaune ou le verd antique,
qui font aujourd'hui fi précieux.
Les belles colonnes jaunes que vous
avez fans doute remarquées dans
la chapelle royale de Caferte, font
de la première efpèce. Il y en a auffi
quelques-uns qui reffemblent beaucoup au lapis lazuli, & au porphyre.

On a trouvé à Centorby une
efpèce de pierre douce qui fe diffout
dans l'eau : les blanchiffeufes s'en fer-
vent au lieu de favon ; & comme elle

en a la propriété, on l'appelle *pietra
faponaro*. On y trouve auffi, ainfi
qu'en Calabre, la célèbre pierre
qui produit des moufferons, lorfqu'elle eft arrofée & expofée à un
très-violent degré de chaleur. Mais je
ne finirois pas fi je décrivois les diverfes denrées & les productions cu-
rieufes de cette Ifle. L'Etna en fournit un plus grand nombre que plufieurs de nos grands Royaumes, &
il raffemble, pour ainfi dire, celles
de toute la terre. Outre le bled, le
vin, l'huile, la foie, les épiceries &
les fruits délicieux de la région inférieure ; les belles forêts, les troupeaux,
le gibier, le goudron, le liège, le miel
de la feconde région ; la neige & la glace
de la troifieme ; fes cavernes offrent un
grand nombre de minéraux & d'autres
productions, du cinnabre, du mercure,
du foufre, de l'alun, du nître & du
vitriol ; de façon que cette montagne

merveilleuse produit en même-tems
tout ce qui est néceffaire à la fub-
fiftance & aux plaifirs de la vie (a).

NOUS ne fommes plus furpris de
l'attachement opiniâtre qu'ont les Siciliens pour cette montagne, & que
tous les objets de terreur qu'elle renferme n'aient jamais pu les en chaffer.

(a) On pourroit cultiver, en fuivant les différentes élévations de la montagne, toutes les efpèces
poffibles d'arbres fruitiers ; mais il faudroit que les
habitans de la campagne fuffent plus nombreux,
plus laborieux & plus inftruits dans leur métier. Les
Botaniftes affurent que le canellier & l'arbre du
café fe trouvent fur le mont Etna dans leur état de
fauvageon, & ne demanderoient que de la culture.
Il y croît auffi, à ce qu'on prétend, les plantes
aromatiques les plus rares ; mais perfonne ne fe
donne la peine de les chercher, & bien moins de
les cultiver. Le Prince de Bifcari eft le feul de
tous les habitans de Catane, qui ait employé quelques foins pour tirer parti de ce fol brûlant ; il a
même forcé la nature, & a formé un jardin au
milieu de cette lave ou *fciarra*, qui, après avoir
entouré le château, a coulé jufqu'à la mer.

Voyage du Baron de Riedefel, page 137.

Quoiqu'elle les châtie quelquefois, elle
joint, comme un bon pere, des fa-
veurs à ſes punitions, afin de ne pas
perdre l'attachement de ſes enfans;
& ſi elle les traite quelquefois avec une
verge de fer, elle répand en même-
tems ſur eux tous les dons de l'âge
d'or.

ADIEU. Nous allons préſenter nos
reſpects au Viceroi & faire nos viſites
d'adieu : cette cérémonie m'attriſte
toujours ; mais je n'ai jamais reſ-
ſenti autant de chagrin, parce qu'il
n'eſt pas probable que nous revoyons
jamais ces honnêtes gens que nous
allons quitter ; & nous ne pourrons pas
même un jour leur rendre les politeſſes
que nous en avons reçues.

ON dit que le vent eſt très-bon ;
je porterai vraiſemblablement moi-
même cette lettre ſur le Continent,
d'où je vous écrirai encore.

LETTRE

LETTRE XXXVIII.

Retour à Naples.

A Naples, le premier Août 1770.

APRÈS deux jours d'une navigation agréable, nous sommes arrivés dans cette Ville, où nous avons retrouvé avec une joie infinie tous les amis que nous y avions laissés ; nous avions besoin de cette consolation pour oublier la peine que nous avoit causé notre départ de Sicile. Nous passerons encore au moins trois mois ici, jusqu'à ce que la saison du *mal-aria* soit passée. Vous savez combien il est dangereux de voyager dans la Campanie pendant ce tems : quoique plusieurs de nos plus savans Médecins regardent cette opinion comme une erreur vulgaire, cependant nous ne nous aviserons sûrement pas d'en faire l'expérience.

Tome II. Y

Nous nous proposons de passer l'hiver à Rome, où nous trouverons probablement des objets d'instruction pour quatre ou cinq mois. Nous irons de là par Lorette, Bologne, &c. à Venise, en suivant la route battue ; nous quitterons alors les campagnes brûlantes de l'Italie pour parcourir les belles montagnes de la Suisse, où la liberté & la simplicité, bannies depuis long-tems de toutes les Nations polies, règnent encore dans leur pureté originelle. La douceur tempérée du climat y annonce celle des habitans : pendant que les autres Peuples font opprimés & aigris par la tyrannie & la superstition, les Suisses vivent en paix au sein de l'innocence & du bonheur. Mais je dois m'arrêter : vous savez que je suis attaché depuis bien long-tems à ce pays. Nous comptons y passer l'été ; je prévois qu'alors nous serons rassasiés de l'art, & que nous commencerons à

languir après la nature : c'eſt elle ſeule
qui peut procurer quelque plaiſir réel
ou durable ; & ſi en pourſuivant le
bonheur, elle n'eſt pas notre guide,
nous ne pourrons jamais l'atteindre.

ADIEU, mon cher ami. Vous avez
été notre fidèle compagnon pendant
ce voyage, & vous n'avez pas peu
contribué au plaiſir qu'il nous a cauſé.
S'il vous en a procuré autant, nous
vous prierons de nous accompagner
encore dans le reſte de nos courſes.
Il faut qu'un homme ait l'imagination bien ſtérile, s'il ſe trouve dans la
ſolitude, pendant qu'il a des amis avec
leſquels il peut converſer. Cette con-
fidence fait bientôt diſparoître les mers
& les montagnes qui nous ſéparent &
excitent en nous ces ſentimens de ſym-
pathie qui rappellent agréablement le
ſouvenir d'un ami. Je ne m'aſſeois jamais pour vous écrire, que ne je ne
vous voie placé à l'autre côté de ma

table ; & je suppose que nous allons nous entretenir des évènemens de la journée. Si votre présence ne m'avoit pas animé, comment aurois-je eu la patience de vous écrire ces lettres d'une longueur énorme ? Adieu. Nous allons faire quelques excursions à travers le Royaume de Naples ; & si nous rencontrons quelque chose qui soit digne d'être observé, je vous en ferai part.

JE suis, &c.

FIN des Lettres.

TABLE

DES SOMMAIRES

Contenus dans ce Volume.

Y 3

F I N de la Table.

DESCRIPTION ABRÉGÉE
DE
LA SICILE,

Où l'on donne une idée de l'état actuel de cette Ifle, relativement à fa Population, à fon Gouvernement, à fes Productions & à fon Commerce.

AVERTISSEMENT.

LA Defcription fuivante nous a paru néceffaire pour completter la connoiffance que M. Brydone donne de cette Ifle dans fes Lettres : ce n'eft d'ailleurs que l'Extrait d'un excellent Mémoire fur cette Ifle, dont nous ne connoiffons pas l'Auteur, & dont nous n'avons pas voulu corriger le ftyle.

GÉOGRAPHIE

DE

LA SICILE.

LA Sicile eft la plus grande & la plus confidérable des Ifles de la Méditerranée ; elle eft fituée entre le 30 & le 33 degré & demi de longitude, & le 36 degré 25 minutes, & le 38 degré 20 minutes de latitude. On lui donne 200 lieues de côtes, & elle s'étend du Midi au Nord l'efpace de 90 lieues communes de France, & de 108 du Levant au Couchant. Le Détroit de Meffine, qui la fépare de la Calabre, n'a que trois milles d'Italie dans l'endroit le plus étroit.

COMME la Sicile eft d'une figure triangulaire & terminée par trois Caps principaux, on l'a nommée ancienne-

ment *Trinacria* ou *Iſle à trois pointes.*

ELLE eſt diviſée en trois vallées
ou provinces, la vallée de *Maʒara*,
qui eſt au Couchant, & celles de
Demona & de *Noto* ſituées au Levant.

LA vallée de Mazara, qui a environ 72 lieues communes de France
du Midi au Nord, & autant du Levant au Couchant, contient 102 Villes; elle eſt arroſée par une vingtaine
de petites rivières.

LA vallée de Démona a environ
50 lieues communes de France d'é-
tendue, le long de la côte orientale,
dans la mer Ioniene, 75 dans ſa partie ſeptentrionale le long de la mer
de Toſcane, & 62 dans ſa plus grande
largeur d'une mer à l'autre : on y
compte 134 Villes.

RÉVOLUTIONS de la Sicile.

CETTE Isle fut d'abord nommée *Sicanie*, parce que *Sicanus*, Roi des Ibériens, s'y établit & lui donna son nom. Les *Siculiens* chassés du pays Latin par les Aborigènes, vinrent l'habiter ensuite, partagèrent l'Isle avec les Sicaniens, & lui donnèrent aussi leur nom qui a prévalu. La Sicile a été peuplée d'ailleurs, en différens tems, par plusieurs Colonies Grecques. Il s'y forma divers Etats, dont le principal fut celui de Syracuse, possédé successivement par Denis, Agathocle & Hieron. Les Romains & les Carthaginois se la disputèrent pendant long-tems ; & enfin les premiers ayant prévalu, elle fut soumise à la République Romaine jusques vers l'an 440 de Jesus-Christ, que les Vandales s'en emparèrent. Bélisaire, Général de l'Empereur Justinien, l'enleva à ces

barbares en 525 ; & elle demeura
foumife aux Empereurs de Conftan-
tinople jufques vers l'an 828 qu'elle
devint la proie des Sarrafins. Robert
le Boffu, fecond fils de Tancrède,
Prince Normand, en chaffa ces infidèles & prit le titre de *Comte de Sicile* en 1080. Roger fon fils fut cou-
ronné Roi des deux Siciles, c'eft-à-
dire, de la Sicile proprement dite, &
du royaume de Naples en 1130 par
l'Anti-Pape Anaclet, & en 1139 par
le Pape Innocent II. Il tranfmit ce dou-
ble Royaume à fes defcendans, qui
en jouirent jufqu'en 1282. Pierre III,
Roi d'Arragon, qui avoit des prétentions fur ces Etats, comme mari
de Conftance, fille de Mainfroi, bâ-
tard de l'Empereur Frédéric II, Roi
des deux Siciles, s'empara à cette
époque de la Sicile proprement dite,
après les fameufes Vêpres Siciliennes, où l'on égorgea, le jour de
Pâques,

Pâques, à l'heure des Vêpres, par
une conjuration préméditée, tous les
François qui étoient dans l'Ifle. Le
Roi d'Arragon la tranfmit à fes defcendans, Rois d'Arragon & d'Efpagne, qui en ont joui jufqu'en 1706.
L'Archiduc Charles qui a été enfuite Empereur fous le nom de *Charles VI*, la prit alors à Philippe V,
Roi d'Efpagne. Elle fut cédée en 1713,
par le traité d'Utrecht, à Victor-Amédée, Duc de Savoie, qui en a joui
jufqu'en 1718 que les Efpagnols la
reprirent. Les Autrichiens, avec le
fecours des Anglois, la leur enle-
vèrent deux ans après; & l'Empereur
Charles VI donna alors la Sardaigne
en échange au Duc de Savoie. Le
premier fut dépoffédé de la Sicile par
l'Efpagne en 1734; & enfin ce Royaume, avec celui de Naples, eft refté à
l'Infant Dom Carlos, fils de Philippe V, Roi d'Efpagne, par les trai-

Tome II.   Z

tés de Vienne de l'an 1735 & de l'an 1738.

POPULATION & Nombre de Feux.

UN pays si beau, si vaste, si abondant, est très-peu peuplé ; on ne lui donne en tout que 1600000 habitans.

IL est même très-peu probable que ce nombre y soit, si l'on considère la dépopulation survenue depuis 1714.

LA Capitale renferme presque un dixieme des habitans du Royaume. Une Carte géographique du Royaume de Sicile, faite en 1714, par Carlo Vintimiglio, & revue en 1744, par Agatino Daidone, natif de la Cascibiéta, montre l'étendue des trois provinces, des neuf diocèses, des dix Sergenteries, des Littorali, appartenans à chaque Bourg ou Ville maritime ; elle indique encore le nombre des habitans dans chaque endroit : voyez les notices qu'elle donne fur tous ces fujets.

NOMBRE des Villes royales ou domaniales, quarante-deux ; des Villes baronales, trois cents dix.

NOMBRE des feux & des habitans, en l'année 1714 ; fçavoir, 268,163 feux, faifant 1,123,163 habitans, à raifon d'environ 4 par feu.

POPULATION des Villes.

DANS ce nombre étoient compris 100,000 habitans à Palerme, fans les Eccléfiaftiques qui feuls faifoient 40,000 perfonnes ; Meffine alors avoit 40,313 habitans ; Catane 16,222 ; Syracufe 17,205 ; Trapani 16,620 ; Modica 18,975 ; Girgenti 11,377.

LE payfan, en Sicile, eft proprié-

taire; il paie fon cens : le mot de *feu*
fe prend, en Sicile, à la lettre, c'eft-
à-dire, qu'il fignifie une famille.

PRODUCTIONS *de la Sicile.*

LA Sicile eft, fans contredit, un
des plus beaux pays de l'Europe : on
peut avec raifon l'appeller *le jardin
de l'Europe.* Son terroir impregné
d'une quantité de particules nitreufes,
eft de la plus grande fertilité. Les
deux provinces de Noto & de Mazara
abondent en bled, comme celle de
Démona en fruits. Les pâturages les
plus gras font arrofés d'une quantité immenfe d'eaux de fource, dont quelques-
unes font minérales & falutaires pour
la guérifon de différentes maladies.
L'Ifle produit les fimples les plus rares, d'excellens vins, de l'huile, des
cannes à fucre, des mûriers en grand
nombre pour la nourriture des vers à
foie, de la manne, du fafran, des fro-

mages, des laines. Il s'y trouve des
carrières d'alun, de vitriol, de soufre
& beaucoup de salpêtre; des montagnes pleines de sel fossile; près d'Enna
de Castro-Girranni, des marais sa-
lans; à Marsala-Frapanix, des mines
de plomb, de fer, de cuivre, peut-être
d'or & d'argent; des carrières de marbre
de toute sorte de porphyres, de pierres
précieuses, telles que des émeraudes &
des agates, & beaucoup de corail; les anguilles du Faro, & le poisson appellé
épée, sont très-estimés. La province
de Démona est particuliérement riche
en soie, en huile & en mines. La
campagne de Messine est plantée d'o-
liviers, de figuiers, d'orangers, de
cèdres; celle du val de Noto est très-
fertile. Les bestiaux deviennent si gras
aux pâturages de Catane, qu'il faut
les saigner pour qu'ils ne suffoquent
pas. On y recueille beaucoup de miel.
Les environs de Piazza, dans le mi-

lieu de l'Ifle, font délicieux & abondent en fources & en ruiffeaux qui ferpentent parmi des petits bois de pins & de coudriers. Le Viceroi de Sardaigne, Comte de la Trinité, qui y a été avec le Roi Victor-Amédée, affure qu'il ne connoît point de payfage fi enchanteur. Des campagnes couvertes de thym, de calamente & d'autres herbes odoriférantes, fe trouvent autour de Ragufe. L'Ifle produit encore des chevaux, des bêtes à cornes, des amandes, des piftaches; en un mot, il ne lui manque prefque que les épiceries.

ON y compte jufqu'à trente-une différentes fortes de marbres durs, plus de trois cents d'agate, de béryl, de jafpe & d'autres pierres précieufes.

MINES.

LES mines, dans ce Royaume,

étoient abandonnées depuis le départ des Saxons qu'on avoit appellés pour les faire exploiter. Le Roi a ordonné depuis peu de reprendre ces travaux.

ÉTAT DU GOUVERNEMENT DE SICILE.

LE VICEROI.

DANS l'abſence du Roi, le Viceroi eſt la premiere perſonne en Sicile ; ſa réſidence eſt Palerme. Selon l'établiſſement de Ferdinand le Catholique en 1488, cette charge ne doit ſe donner que pour trois ans ; mais on proroge ſouvent la commiſſion. Le Viceroi actuel, originaire du Duché de Parme, a été continué deux fois dans cette place ; il commande, comme Lieutenant & Capitaine-Général, toutes les troupes du Royaume, & préſide à tous les Tribunaux de juſtice & de finances. En qualité de Légat *à latere* du ſouverain Pontife, il ſiège

Z 4

dans les fonctions de la chapelle du Roi, sous un baldaquin, assisté de tout le *Sacro-Consiglio* ; dans la Cathédrale, il a un trône plus élevé que celui de l'Archevêque qui va à sa rencontre. Ses appointemens sont de 40,000 écus de Sicile par an, (environ 210000 livres). La nomination de toutes les charges municipales & militaires du Royaume est un de ses droits : cependant l'exercice de ce droit est plus ou moins limité, selon les circonstances.

LE Viceroi est assisté d'un Ministre qu'on appelle *Consulteur*. Charles-Quint institua cette place : il doit être Jurisconsulte, & siège de droit à tous les Tribunaux, particuliérement dans les causes fiscales, étant défenseur & protecteur du trésor-royal.

TRIBUNAUX.

LES Tribunaux du Royaume font au nombre de quatre :

La Grande Cour Royale.

I. LE Tribunal de la grande Cour Royale a le premier de tous les départemens du Royaume : il connoît en dernière inftance de toutes les caufes. Six Juges compofent ce Tribunal, dont trois forment la grande Cour civile, & trois la grande Cour criminelle ; ils changent de Chambre au bout de l'année ; & après deux ans, on leur en fubftitue de nouveaux. Le Préfident, qui eft le chef du *Sagro-Configlio*, refte toujours en place : un Avocat fifcal intervient à toutes les caufes qui intéreffent le fifc.

LE PATRIMOINE ROYAL.

II. LE Tribunal du patrimoine royal, nommé autrement *Della Regia Camera*, dirige l'adminiſtration de tous les revenus du Roi. Ce département eſt compoſé de ſix Miniſtres qu'on nomme *Maeſtri Raʒionali*, dont trois ſont Juriſconſultes perpétuels, qu'on appelle de *robe longue* ; ils ſont Juges entre les particuliers & le fiſc : les trois autres de l'Ordre équeſtre, ou de robe courte, préſident uniquement à l'adminiſtration économique & au tréſor. Le Préſident, qui eſt à vie, eſt chargé de la partie des dépouilles & rentes des égliſes vacantes ; un Conſervateur général pour les intérêts du Roi ; un Avocat fiſcal à vie, qui examine les reſcrits de la Cour de Rome qui doivent être exécutés dans tout le Royaume. Chacun des ſix Conſeillers a ſa tâche particulière ; l'un les ga-

lères, l'autre les ponts, chauffés & les
fortifications; un troisieme, les appointemens des Miniftres du Roi : trois
Collecteurs lèvent les deniers arriérés
dûs au Roi par les villes & les campagnes.

LA GIUNTA.

III. LE Tribunal de la Giunta
exerce à Meffine, depuis que cette Ville
a perdu fes priviléges, la même jurifdiction que la Chambre à Palerme;
il décide les différends entre les Tribunaux eccléfiaftiques.

LE CONSISTOIRE.

IV. Le Tribunal du Confiftoire,
nommé encore *Tribunale della facra
Regia Confienza*, eft compofé de
trois Juges de robe, que le Roi élit
tous les deux ans & nomme *Con-
feillers Royaux*. Il décide les caufes

qui par voie d'appel ou de révifion
y font portées après le jugement des
deux premiers Tribunaux.

LA MONARCHIE.

LE Tribunal de la *Monarchia Regia* eft une des plus fingulières prérogatives des Souverains de la Sicile. Le
Pape Eugène III conféra au Roi Roger une jurifdiction abfolue & indé-
pendante pour le fpirituel comme pour
le temporel ; de-là vient que le Roi
de Sicile eft Légat-né. Les Papes Urbain II & Adrien IV confirmèrent ce
beau privilége. Le Tribunal eft compofé d'un Miniftre Eccléfiaftique, Doc-
teur en Droit Canon, que l'on appelle à Palerme, *Monfignor della Monarchia;* d'un Avocat fifcal, d'un Procureur. Il exerce en Sicile la même jurifdiction qu'exerceroit un Légat du Pape
dans le Royaume de Naples ; il eft Juge
ordinaire dans toutes les caufes qui re-

gardent les Abbayes de collation royale
& les églises indépendantes de leurs ordinaires ; il connoît , par voie d'appel , des Sentences de tous les autres
Tribunaux ecclésiastiques ; & pour cela
il entretient des Cours subalternes
dans toutes les Villes de l'Isle , & à
Malthe même.

FINANCES.

TRIBUNAL de la Croisade.

UN autre grand Tribunal ecclésiastique dans l'Isle est celui de la Croi-
sade. Une bulle d'Urbain II de l'année 1095 accordoit aux sujets des Souverains qui alloient se croiser en Pa-
lestine , beaucoup d'indulgences , &
entr'autres priviléges, celui de manger
du laitage pendant le Carême. Alexan-
dre VI renouvella cette bulle , particuliérement en faveur de Ferdinand
le Catholique , pour les Royaumes

d'Efpagne & de Sicile. L'Archevêque eft, par délégation du faint Pere, Commiffaire-Général de ce Tribunal; il a fes Tribunaux fubalternes dans toutes les Villes de l'Ifle & à Malthe. L'argent qui fe paie pour avoir cette difpenfe, fait annuellement une fomme de 100000 écus (525000 livres), lefquels, puifqu'il n'y a plus de guerre contre les Infidèles, doivent fervir à l'entretien des galères.

MAGISTRATS de Palerme.

LA ville de Palerme a fes Magiftrats particuliers, qui font, 1°. le Capitaine Jufticier, qui adminiftre la juftice criminelle; il eft Chef de la Nobleffe & il fuit immédiatement le Viceroi dans les cérémonies folennelles : 2°. le Préteur, qui dirige l'économie de la Ville & tient un Confulteur pour les affaires de l'Annone & des Confulats; il eft Député perpétuel du Royaume, Chef

de l'Ordre domanial dans le Parlement, & jouit des prérogatives de Capitaine-Général dans l'absence du Viceroi. 3°. La Cour capitanale & pré-
torienne consiste en trois Juges, citoyens de Palerme, qui sont élus chaque année par le Roi ; ils assistent le
Capitaine dans la décision des affaires
criminelles, & le Préteur dans les dé-
libérations sur les finances. Ces deux
Officiers cependant n'ont ni voix ni
signature, excepté le Préteur dans les
affaires qui regardent la Banque publique & l'Annone. 4°. Le Sénat de
Palerme, est composé du Préteur & de
six Praticiens que le Roi nomme, qui
portent la toge, comme les anciens
Sénateurs Romains, & prennent soin
principalement de ce qui regarde la
police des grains & des vivres. Les Sénateurs sont Grands d'Espagne de la
premiere classe : les Députés de la place
exécutent les ordres du Sénat.

ADMINISTRATION ECONOMIQUE DE PALERME.

Prérogatives de la Religion de Malthe.

LA ville de Palerme, quant à l'économie, est divisée en quatre quartiers. La Religion de Malthe jouit de la belle prérogative d'être regardée comme le cinquieme quartier de Palerme, en vertu de quoi elle doit être fournie de vivres & de toutes les subsistances, préalablement à Catane, à Messine, & à toutes les autres Villes du Royaume : elle a aussi le droit d'entrée franche de taxe pour tous les vaisseaux de guerre. Les Siciliens se plaignent que la Religion abuse beaucoup de la franchise des traités, & qu'elle tire de chez eux, en bestiaux & en vivres, beaucoup au-delà de la quantité accordée par les priviléges. La ville d'Auguste, presque toute habitée

par

par les Malthois, facilite beaucoup
ces fortes de contrebandes. Mais que
peuvent defirer de mieux les Colons
que la vente de leurs denrées ?

Sept grandes Dignités du Royaume.

LES grandes Dignités du Royaume
font les fept fuivantes, qui dans les
tems paffés, étoient d'un très-grand
relief : 1°. Le Maëftro-Portalono a
l'infpection des magafins à grains, &
de tout ce qui regarde le commerce
des denrées. Il a fous lui des Officiers
fubalternes dans les ports de mer, &
il dépend lui-même du Tribunal des
finances. 2°. L'Auditeur-Général pro-
nonce fans appel fur tous les crimes
commis dans le Palais du Roi, par
les Infidèles, ou par des militaires ;
il a un Avocat & un Procureur fifcal.
3°. Le grand Amiral ; fa jurifdiction s'étend fur les Mariniers, tant

Tome II. A a

pour le civil que pour le criminel : cet emploi a été réuni à la Chambre. 4°. *Il Protonotajo* ou Chancelier ; il exerce fa jurifdiction fur les Notaires du Royaume, expédie les patentes pour tous les emplois, lit les propofitions, quand le Parlement eft affemblé ; tient le protocole dans ce cas ; au couronnement du Roi, il lit le ferment de fidélité que doivent lui prêter les trois Ordres du Royaume, & celui que le Monarque doit prononcer pour le maintien des Capitoli ou des priviléges dé la ville de Palerme, laquelle cérémonie fe fait encore à l'inftallation d'un Viceroi. 5°. Le Protonotaire *della Camera Regiale* exerce le même emploi dans les fix Villes, qui furent le domaine particulier des Reines de Sicile, jufqu'à ce qu'après la mort de Germaine de Foix, veuve de Ferdinand le Catholique, on les réunit au domaine de la Cou-

ronne ; voici le nom de ces six Villes ,
Syracuse , Lentini , Carlentini , San-
Filippo , Mineo & Virini. 6°. *Il
Maestro secreto* , ou Secrétaire du
Royaume ; il est Procureur-Général
de toutes les Secrétaireries du Royaume, peu de Villes exceptées. On appelle *Secretari* des Commis préposés
à l'administration des revenus royaux
& gabelles : tous ces Secrétaires sont
comptables au *Maestro secreto.* 7°. Le
Lieutenant *delle Regie Fiscalie*, c'est
un Trésorier-Général-Criminel, qui
administre tous les biens séquestrés
ou confisqués par la Chambre pour
crime de félonie ; il a son Protonotaire.

Les trois Etats du Royaume.

LES Etats du Royaume de Sicile
sont composés de trois ordres de
sujets. L'ordre militaire contient tous

les Barons obligés au service de l'ar-
rière-ban ; leur Chef est par sa place
le premier noble de tout le Royaume. L'ordre ecclésiastique, composé
de tous les Archevêques, Evêques,
Abbés, Prieurs, Commendataires &
Bénéficiers de patronage royal ; à la
tête de celui-ci est l'Archevêque de
Palerme. L'ordre domanial, que forment les quarante-trois Villes royales,
différentes des Villes baronales, su-
jettes à des Barons du Royaume. On
dit que le Roi Roger partagea le Royaume de Sicile en trois portions ; celle
des militaires fut donnée à des Feuda-
taires avec obligation de fournir au Roi,
en cas de besoin, un certain nombre
de troupes à pied & à cheval. Les
trois ordres du Royaume assemblés
forment le Parlement ; il dépend du
Souverain de le convoquer quand
il lui plaît. Quiconque ne peut com-
paroître, envoie un Procureur ; les

Villes envoient des Députés, Palerme
& Catane exceptées, qui envoient des
Ambaſſadeurs. Le Viceroi ouvre le
Parlement, en expoſant les propoſi-
tions du Roi ; il ſe retire enſuite pendant que les Etats délibèrent. Les Siciliens prétendent pour cela comparer
leur Parlement à celui d'Angleterre.
Avant la fin du Parlement, le Viceroi
élit douze Députés. Leur autorité
dure juſqu'à la convocation du nouveau Parlement, & ils ſont les pro-
cureurs & les défenſeurs de la nation.
La répartition des ſommes accordées au Roi, ſe fait par les trois ordres ; Palerme y contribue pour un
dixieme de toute la ſomme.

LA NOBLESSE.

LE Royaume de Sicile fourmille de
Nobles ; tous ne ſont cependant pas
Barons du Royaume : ce nom n'ap-

partient qu'aux Seigneurs de grands
fiefs, qui ont voix au Parlement & y
forment l'ordre militaire. On compte
jufqu'à trois cens foixante-huit familles
de Barons, dont les uns ont le titre
de Princes, d'autres celui de Ducs,
Marquis ou Comtes; ils jouiffent du
mero & mixto impèrio, c'eft-à-dire, ils
peuvent condamner à mort leurs vaf-
faux, après en avoir informé le Viceroi.

REVENUS DE LA NOBLESSE.

LES revenus de la Nobleffe Sicilienne confiftant principalement dans
la vente de leurs bleds, & le commerce de cette denrée de premiere néceffité n'étant pas entièrement libre,
comme nous l'expliquerons ci-deffous,
les prix des grains ne font pas fixés
fur le *taux* du marché général de l'Europe : on voit bien qu'ils font très-

inégaux d'une année à l'autre ; auffi s'en apperçoit-on à la différence très-marquée dans la dépenfe de cette Nobleffe.

LE CLERGÉ.

IL y a dans l'Ifle trois Archevêchés & huit Evêchés. L'Archevêque de Palerme, Primat de Sicile, Chef de l'ordre du Clergé dans le Parlement, a environ 16000 écus de Sicile de revenu : fes fuffragans font les Evêques de Girgenti, de Mazara, de Malthe dans l'Ifle de ce nom. L'Archevêque de Meffine a le plus grand diocèfe & le moins de revenus : fes fuffragans font l'Evêque de Céfalu, celui de Lipari dans l'Ifle de ce nom, & celui de Patti. L'Archevêque de Montréal a un diocèfe très-petit ; mais c'eft le plus riche Prélat de tout le Royaume. Il a 72000 écus de rente ;

mais le Roi en retient la moitié pour des pensions. L'Archevêque eft Seigneur temporel de Montréal ; il nomme le Gouverneur de cette Ville : fes fuffragans font l'Evêque de Catane & l'Evêque de Syracufe.

FONDS DU CLERGÉ.

LE Clergé pofsède un tiers de tous les biens-fonds de l'Ifle. Il y a 121 différentes confrairies dans la ville de Palerme, outre 46 couvens de Religieux & 25 monaftères de Religieufes.

QUAND le comte Roger fit le partage de la Sicile, il donna un tiers des terres au Clergé : auffi l'Evêque de Catane étoit-il autrefois Seigneur fuzerain de la ville de Catane, du mont Gibel & de tout le pays d'alentour. On a trouvé dans la fuite le moyen de reſtreindre un peu cette puiſſançe du Clergé, qui devenoit prépondérante.

LE Clergé du Royaume de Naples eſt encore plus riche. En 1726, le Gouvernement informa l'Empereur Charles VI, que les deux tiers des biens-fonds du Royaume étoient dans des mains-mortes; & depuis cette année juſqu'à-préſent, le Clergé a encore fait des acquiſitions immenſes, particuliérement les Moines qui ſe nomment *Servites*. La loi ſi ſage qui vient d'être publiée dans le Mantouan, ſeroit bien néceſſaire dans ces deux Royaumes. On eſt indigné de ne voir que des payſans couverts de haillons, & ſouvent tout nuds, dans un pays qui eſt le plus beau de l'Europe.

REVENUS ROYAUX.

LES revenus annuels du Royaume de Sicile confiſtent dans les impoſitions ſur les Univerſités du Royaume, tant ſéculières qu'eccléſiaſtiques ; les dons ordinaires ou extraordinaires, les fermes, les gabelles, & les droits & taxes : on les fait monter en tout à plus d'un million d'écus (a). Cependant, ſelon un état des revenus du Roi de Naples de l'année 1748, ils n'étoient évalués que 324000 ducats Napolitains. Le dépoſitaire de ces deniers à Palerme eſt le Tréſorier-Royal, c'eſt-à-dire, un Miniſtre du *Sacro-Conſiglio*, qu'on appelle *Magiſtro del real patrimonio*.

LA ſeule ferme du tabac en Sicile rap-

_____

(a) L'écu de Sicile vaut 5 liv. 5 ſ. de France.

porte annuellement 330 à 350,000 écus ;
on le tire de Salonique ; il eft jaune :
le tabac noir que les marchands de
Gênes comptoient fournir, n'a point
trouvé d'approbation.

TROUPES.

LES troupes de terre dans l'Ifle
font ordinairement fur le pied de
10000 hommes, Infanterie & Cavalerie, qui, en cas de befoin, s'augmentent jufqu'à 22000.

MARINE.

QUANT à la marine, le Royaume
de Naples a ordinairement deux vaiffeaux, deux frégates & quatre chébecs.

MILICE DU PAYS.

LES dix fergenteries du Royaume
fourniffent environ 1600 hommes de
cavalerie & 10000 fantaffins.

COMMERCE.

LES villes de Palerme & Meffine font les entrepôts de tout le commerce de la Sicile.

IL y a quelques années qu'on établit à Meffine une compagnie royale du commerce. On obligea tous les négocians de Meffine de contribuer aux fonds de cette compagnie ; on fit un fonds de 350,000 écus de Sicile, qui font environ deux millions de France. Avec ce capital, la compagnie auroit dû faire des gains d'autant plus grands qu'on lui accorda deux priviléges exclufifs, celui de l'importation du lin & des cuirs du Levant. Cependant les monopoles ont ruiné les fabriques du pays ; & la compagnie qui n'en a point profité, s'eft diffoute depuis peu.

CARACTÉRE DE LA NATION.

LES Nobles Siciliens voyagent beaucoup ; & il y en a parmi eux qui ont tiré parti de leurs voyages. Ils font extrêmement prévenans envers les Etrangers , & ils font plus vifs & plus pénétrans que les Napolitains ; on en trouve plufieurs qui s'adonnent aux fciences ; ils tâchent de mettre du goût dans l'ameublement de leurs maifons : le luxe en équipage eft exceffif à Palerme ; il y a jufqu'à des artifans qui vont en carroffe par la Ville. Les femmes Siciliennes font très-enjouées ; leur teint eft affez beau pour un climat auffi méridional : les nombreufes familles de Palerme rendent témoignage de la fécondité des Siciliennes. La nation aime beaucoup à plaider ; auffi y a-t-il une infinité d'Avocats & de Légiftes ;

les difpofitions féodales font naître des procès éternels. Le Sicilien ne paroît pas avoir un génie créateur ; mais il eft habile à imiter. Le pouvoir de l'Inquifition en Sicile contribue beaucoup à conferver l'ignorance dans l'Ifle. Le faint Office, à la requifition des Jéfuites, a fait enlever derniérement au feul Libraire François qu'il y ait à Meffine, une quantité de livres fans aucun difcernement, & entr'autres la Phyfique de S'gravefande.... Malgré cela, il fe trouve en Sicile des perfonnes à qui cette oppreffion donne le defir de s'éclairer. Dix perfonnes à Meffine ont formé, depuis plufieurs années, une efpèce d'Académie des fciences, qui s'affemble toutes les femaines à huis ouverts, chez un d'entr'eux ; cette affemblée à laquelle il manque encore l'approbation du Roi, fe nomme *des réparateurs.* Il n'y a prefque point d'induftrie dans cette

Ifle. Le Sicilien qui a tant de matières premieres, ne fait pas les façonner, ni même en tirer parti par un commerce libre ; & c'eft par cette raifon que la dépopulation de l'Ifle va en augmentant. Peut-être la feule République de Syracufe avoit-elle anciennement autant de fujets que toute la Sicile a préfentement d'habitans. Le peu de fûreté qu'il y a à voyager en Sicile ne donne gueres bonne opinion des Siciliens : les brigands font protégés ouvertement par quelques Barons du Royaume.

Nous croyons devoir ajouter ici un portrait des Siciliens tiré du Voyage du Baron de Riedefel.

Cette Nation, ainfi que tous les Peuples méridionaux, pofsède beaucoup de finefse, de pénétration & de talens ; mais elle eft en même-tems

fort adonnée à cette molleſſe , à ce
penchant à la volupté , à cet eſprit de
ruſe & d'artifice , qui ſemblent généralement s'augmenter à meſure qu'on
s'avance vers le Midi. Ce feu ſi étonnant qui les anime , n'eſt point accompagné chez eux de la moindre apparence de ce phlegme ſi néceſſaire aux
Artiſtes dans l'exécution ; ce qui ſe
manifeſte non-ſeulement chez leurs
Peintres & chez leurs Sculpteurs ,
mais encore chez leurs Poëtes , dont
tout fourmille dans ce Royaume ,
même parmi le peuple , ſur-tout de
ces Poëtes qu'on nomme *Improvi-
ſateurs*. On les voit tous préférer le
plaiſir de produire de nouvelles pen-
ſées au ſoin de les repaſſer , de les
perfeᵭionner , de les purger de leurs
fautes. On voit bien que la nature ,
dans ce climat , n'opère plus , dans ce
juſte milieu , entre le froid violent &
l'exceſſive chaleur qui produit cet heureux

reux phlegme. Un fel âcre agit fans cefle fur leurs nerfs ; & rien n'eft plus commun en Sicile, qu'une maladie qu'ils nomment *umori falfi* (humeur falée) ; ce qui pourroit bien, au refte, n'être qu'une fuite de la façon dont ils vivent, & fur-tout des excès qu'ils font en fucrerie. Quoi qu'il en foit, cette âcreté d'humeurs les rend inquiets, impatiens ; & cette difpofition, jointe au feu immodéré qu'ils portent au dedans d'eux, fe manifefte fouvent par les actes les plus violens ; voilà pourquoi les effets de la jaloufie & de la vengeance font fi terribles chez eux, & qu'ils furpaffent à cet égard toutes les autres Nations (*a*). Ce même

---

(*a*) Voici un exemple qui vous prouvera jufqu'à quel point les Siciliens font portés à la vengeance, & les traces profondes qu'a faites chez eux l'ancien efprit républicain. Du tems de l'Empereur *Charles V*, il fe forma à Trapani une Confrairie fous le nom de *Confraternita di San Paolo*, dont l'infti-

mélange qui compofe leur caractère,
produit auffi quelquefois un héroïfme
& un ftoïcifme dont on pourroit tirer
le plus grand parti. Je puis vous en
citer quelques traits. Dans le tems que
le brigand *Teftalunga* infeftoit la Sicile
avec fa troupe, *Romano* fon ami &
fon confident, eut le malheur d'être
pris ; il étoit en quelque façon le Lieutenant de *Teftalunga*, & après lui le
premier de la troupe. Le pere de ce
Romano fut arrêté dans le même-tems
& emprifonné pour crime ; on lui
promit fa grace & fa liberté, fi
fon fils vouloit fe prêter à trahir

---

tution & le vœu confiftoient à prononcer des ju-
gemens fur les actions & la conduite de leurs Magiftrats, de leurs Concitoyens & de chaque Habitant de la Ville : quiconque avoit été condamné
par toute l'affemblée, étoit perdu fans reffource ;
& celui des membres de la Confrairie que l'on
chargeoit de l'exécrable fonction d'affaffin, étoit
obligé d'obéir fans réplique & d'expédier en ca-
chette cet homme ainfi condamné fecrettement par
cet abominable Tribunal.

Teſtalunga & le leur livrer. Le combat entre la tendreſſe filiale & l'amitié jurée fut des plus violens chez le fils ; mais le pere lui-même lui perſuada de donner à l'amitié la préférence ſur l'amour filial, qui ſeroit, diſoit-il, avili s'il le faiſoit éclater, dans ce moment, au prix d'une trahiſon. *Romano* ſe rendit à l'avis de ſon pere & fut fidèle à ſon ami. *Teſtalunga* lui-même ayant été pris par la ſuite, on ne put jamais, malgré les tortures les plus cruelles, l'engager à trahir aucun de ſes compagnons, & il garda juſqu'à la fin le ſilence le plus profond ſur ce qui les concernoit.

LE trait ſuivant offre un bel exemple d'un véritable amour mis à la plus forte épreuve. Un Prince d'une des plus nobles familles de Palerme, vivoit dans un commerce ſecret & très-intime, avec une demoiſelle de même condition que lui : cette intrigue aboutit au mariage, mais un peu tard, puisque la Dame accoucha d'un fils deux mois après ses nôces. La honte dans un pays où les impressions de l'honneur sont si fortes, le desir de se mettre à couvert des propos que cette avanture feroit tenir à toute la Ville, l'espoir enfin de voir bientôt succéder d'autres enfans à celui-ci, engagèrent les deux époux à le souf-traire à la connoissance du Public, & à remettre le soin de son éducation & de sa subsistance à un paysan. La chose demeura secrette jusqu'au moment que la mere se voyant à l'article de la mort, se crut obligée, pour l'acquit de sa conscience, de révéler tout le mystère. On fit aussi-tôt revenir de la campagne ce fils, qui parut plus étonné que réjoui de son changement d'état : il déclara d'abord qu'il ne s'y sou-mettroit qu'à condition qu'on lui per-mettroit d'épouser une paysane char-mante qu'il aimoit. Cette demande n'ayant pas pu lui être accordée, il renonça à toutes ses prétentions en faveur de son frere, & reprit joyeusement l'état dans lequel il avoit été élevé. Il y vécut content avec l'objet de sa tendresse dans une obscure, mais heureuse médiocrité. Avouez, mon ami, que ce seroit-là un beau sujet à mettre au Théâtre, & qu'il mériteroit d'être manié par un *Voltaire* ou par un *Métastase*.

Il se trouve encore par-ci-par-là des traits de ressemblance entre les anciens Siciliens & ceux de nos jours, quoique les nombreuses mutations d'habitans, de Souverains & de formes de gouvernement, ayent rendu ces traits un peu rares. Les physionomies Grecques y sont encore assez fréquentes, sur-tout le long des côtes septentrionales & orientales, & l'on y voit un grand nombre de beautés en hommes & femmes, mais plus dans l'au-

tre fexe que dans le nôtre ; ce qui eſt
tout le contraire du climat de Naples
qui produit de très-belles figures en
homme, tandis qu'il n'eſt pas auſſi favorable au beau ſexe. Les Siciliennes
aiment ſincérement & avec violence,
& font voir que leur ſexe eſt capable
de conſtance & de fidélité. Une autre
choſe qui leur reſte des Grecs, c'eſt
cet empreſſement des habitans à exercer l'hoſpitalité envers les Etrangers :
je vous ai raconté à quel point j'en
avois fait l'épreuve dans tous les lieux
de la Sicile que j'ai viſités ; j'ai été dans
le cas de jouir des effets de ce caractère hoſpitalier, & j'y ſuis tellement
ſenſible, que je me ferai toute ma vie
un devoir de payer, en toute occaſion,
à ces généreux Inſulaires le tribut de
mon hommage & de ma reconnoiſ-
ſance. Cette jalouſie nationale des anciens Grecs, & ce deſir de paſſer pour
plus ancien, pour plus puiſſant, pour
plus célèbre que les autres, domine

encore dans toutes les Villes de la Sicile. Palerme & Messine se disputent aujourd'hui la prééminence, comme autrefois Athènes & Lacédémone. Girgenti & Syracuse sont en rivalité pour
les antiquités qui s'y sont conservées ;
Manara & Sciacca, parce que la premiere prétend être l'ancienne Séli-
nunte, & l'autre *Thermæ Selinuntinæ.*
Il n'en est aucune où je n'aye trouvé
de ces sortes de prétentions. L'ancienne débauche & l'intempérance dans
les repas & dans la boisson ont entièrement disparu (*a*). Les Siciliens sont
aussi sobres qu'il soit possible de l'être, &
l'yvrognerie est pour eux le plus grand
des vices, celui qui leur inspire le plus
d'horreur ; on y aime les mets sucrés
& tous les genres de sucrerie, au-dessus
de tout ; de façon qu'on ne sauroit
faire de repas sans quelque plat ap-
prêté au sucre. Les fruits, les pro-

(*a*) M. Brydone ne pense pas de même.

B b 4

ductions de la terre, le gibier, le poisson, y sont exquis, & les vins le seroient aussi par-tout, si l'on mettoit plus de soin & d'habileté dans leur fabrication. Ils ont diverses espèces d'oiseaux qui ne se trouvent qu'en Sicile, tels que le framolin, qui est de la grosseur d'un coq de bruyere, & d'un goût délicieux ; le paon sauvage & d'autres encore. Dans leur économie champêtre, on retrouve à chaque pas *Théocrite* & ses descriptions. Ces nombreux troupeaux de chèvres qui cherchent sur les collines les herbages propres à leur nourriture ; cette grande espèce de moutons & de béliers, au ventre de l'un desquels *Ulysse* s'attacha pour s'échapper de la caverne de *Polyphême* ; cette quantité de bêtes à cornes de couleur rougeâtre & de petite taille, tout retrace les différens tableaux de ces églogues peints dans la nature & dans la réalité. Les bergers se disputent encore entr'eux le

prix du chant, & dépofent une hou-
lette ou une pannetiere pour le vainqueur. Le climat eft fi doux & fi favorable, qu'ils peuvent paffer toute
l'année dans les champs ; ils habitent
des hutes de paille, & les beftiaux
reftent jour & nuit en plein air.

LE peuple en Sicile fait ufage d'un
habillement tout particulier, qui me
parut d'abord entièrement oppofé à la
nature du climat ; car les hommes portent des bonnets de couleur, & jamais
de chapeaux ; ce qui eft très-incom-
mode dans la grande chaleur : & ils fe
couvrent d'ailleurs d'une multitude de
capes ou capotes qui ont toutes un ca-
puchon femblable à ceux des Capucins.
J'ai vu des hommes qui voyageoient à
cheval, mettre jufqu'à quatre de ces capotes l'une fur l'autre, & en ôter ou
en remettre une partie, felon le tems
qu'il faifoit ; mais comme dans un pays
où le foleil eft fi ardent, dans une

Isle où les vents varient & paſſent ſi
bruſquement du chaud au froid & du
froid au chaud, il eſt très-aiſé d'être
ſaiſi tout-à-coup par le froid & de
gagner une pleuréſie, maladie effectivement très-fréquente en Sicile : le
ſoin qu'ils prennent de s'en garantir
en ſe couvrant beaucoup, eſt fondé
en raiſon & des plus naturels. Les femmes de la campagne ont conſervé quelque choſe de l'habillement Grec dans
le voile qui leur entoure la tête, &
dans la large ceinture dont elles ſe
ceignent. Dans les Villes, elles portent, ſuivant l'uſage Eſpagnol, de
grandes failles noires. La nobleſſe de
Palerme tâche d'imiter les modes
Françoiſes, comme le reſte de l'Europe.

Les aſſaſſinats ne ſont plus ſi fré-
quens chez les Siciliens qu'ils l'étoient
autrefois, quoiqu'il leur arrive encore
de tems en tems d'immoler des vic-

times à leur jaloufie ou à leur reffen-
timent.

Il y avoit autrefois à Palerme &
à Meffine un prix fait pour expédier
un homme ; il n'en coûtoit que dix
onces ou douze fequins : actuellement
que la chofe n'arrive pas fi fouvent,
il en coûteroit beaucoup davantage.
Comme la jaloufie va toujours en diminuant & qu'il n'exifte plus de fac-
tions politiques dans le pays, ces évènemens deviennent de jour en jour
plus rares. Les Dames de Palerme
jouiffent d'une grande liberté ; comme
dans tout le refte d'Italie ; & les maris commencent à rougir de cette jaloufie attachée au terroir ; ils aiment à
recevoir les Etrangers, & l'on y paffe
fon tems fort agréablement.

Depuis quelques années que la
Sicile vend très-avantageufement fes
denrées au dehors, il y a beaucoup

d'argent dans le Royaume : le culti-
vateur fur - tout a gagné confidérable-
ment à ce commerce. Malgré l'exportation, rien de ce qui fert à la vie n'y
eft cher ; ce qui peut venir de la
grande abondance des denrées & d'une
population peu nombreufe ; car on ne
compte pour toute l'Ifle que douze
cens mille ames ; ce qui eft très-peu
de chofe, eu égard à fon étendue, à
fa fertilité & à ce qu'elle contenoit autrefois.

En un mot, le climat, le fol de la
Sicile & fes productions font encore
auffi bons qu'ils l'ayent jamais été ;
mais l'ineftimable liberté dont jouiffoit
l'ancienne Grèce, la population, la
puiffance, la magnificence & le bon
goût n'y exiftent plus ; & les habitans
actuels peuvent dire, *fuimus Troës.*
Cependant *Solin* a toujours eu raifon
de dire, *quidquid Sicilia gignit, five
foli fœcunditatem, five hominum in-*

genia spectas, proximum est iis quæ optimæ dicuntur.

Isles appartenantes à la Sicile.

LES petites Isles appartenantes à la Sicile sont les suivantes, 1°. les Isles de Lipari, au nord de la Sicile, au nombre de onze, s'appelloient anciennement *Isles Vulcaniennes* ou *Eoliennes;* la plus grande se nomme *Lipari;* a six lieues de long, & un Evêque dans la Ville Capitale : plusieurs d'entre ces Isles sont désertes ; quelques-unes sont remplies de soufre dont les veines se voient même extérieurement, de bains chauds, d'alun, de raisins de Corinthe & de coton; l'une d'entr'elles, nommée *Stromboli*, est célèbre par son volcan qui jette du feu toute l'année. La malvoisie de Lipari est très-bonne ; le terroir est très-fertile, les habitans industrieux & bons navigateurs. Avant l'année 1609, ces Isles étoient censées appartenir au Royaume de Naples ; mais depuis cette année, elles font partie du Royaume de Sicile.

2°. LA Pantelerie a trente milles de circuit ; elle est distante de cinquante milles du Cap-Bon en Afrique, & de trente-six lieues de Malthe vers l'Ouest. Cette Isle contient trois mille habitans, tous bien aguerris, bons arbalêtriers. L'Isle produit du bon bétail, des olives, figues, raisins & capres. Le Prince de la Pantelerie, de la maison de Requezeno, la possède comme un fief de la Sicile.

3°. LA Favoguana, à l'Ouest de la Sicile, à-peu-près à 12 milles de la rivière de Martala, a 6 lieues de circuit ; c'est un pays fertile où il y a des dains, des lapins, de belles prairies, un château nommé *Sainte-Ca-*

therine. L'Isle appartient aux Palla-vicini de Gênes.

4°. LE Marétino, à 30 milles à l'Ouest de Trapano, est un rocher tout nud, qui a 15 milles de tour, & abonde en miel & en thym : on y voit un château au bord de la mer, où l'on confine les prisonniers d'Etat. Ça-tulus remporta une victoire navale sur les Carthaginois près de ce rocher.

5°. L'Ustica, au Nord de Palerme, à 30 milles du Cap di Gallo, & à l'Ouest des Isles de Lipari, a 12 milles de largeur & deux petits Forts qu'on y a construits, depuis qu'on y a trans-porté des habitans, il y a un an. La premiere peuplade qui y fut conduire il y a quelques années, fut enlevée par les Barbaresques. L'Isle n'existoir point avant la guerre Punique ; & il y a de grandes vraisemblances qu'elle a été créée par un volcan.

6°. La Lampédouze, environ à 30 lieues au Sud quart Sud-Eft de la Pantelerie, & à 40 lieues à l'Oueft-Sud-Oueft de Malthe, a 4 lieues de long & n'eft point habitée ; elle appartient à la famille de Tomafi, qui s'appellent de-là *Princes de la Lampédouze*. La Cour de Naples a deffein d'y envoyer des habitans : la flotte de Charles-Quint y fit naufrage l'an 1552.

F i n du fecond Volume.

Nota. *Le Traducteur de cet Ouvrage n'ayant pas pu en revoir les épreuves, il s'y est glissé plusieurs fautes qui n'étoient pas dans son Manuscrit : nous allons corriger les plus grossières.*

TOME PREMIER.

Page 1, l. 2, d'avoir toujours négligé, *effacez* toujours.

P. 2, l. 9, avec toute l'ardeur, *effacez* toute.

P. 31, l. 21, & la durée, *lisez* & leur durée.

P. 46, l. 12, du courant semblable, *lisez* du courant qui étoit semblable.

P. 50, l. 15, monté sur un des mâts, *lisez* porté sur un, &c.

P. 52, l. 8, qui en ait le moins, *lis.* qui en a le moins, &c.

P. 60, l. 13, son accès est des plus difficiles, *lisez*, son accès est très, &c.

P. 63, l. 7, considérablement élargie, *lisez*, considérablement aggrandie.

P. 71, l. 19, mais cela pouvoit, *lis.* mais cela pourroit.

P. 81, l. 5, d'un poisson, *ajoutez*, nommé *Empereur*.

P. 90, l. 17, qu'il le chargeoit de lui prêter, *lis.* de les lui prêter.

P. 116, l. 9, les ayant saisis, *lis.* les ayant enlevés.

P. 119, l. première, destiné pour, *lisez*, destiné à.

P. 120, l. 21, qu'on puisse suivre, *lis.* qu'on puisse employer.

P. 132, l. 11, ait été rempli jadis par du bois solide, *lisez*, rempli jadis en entier par du bois.

P. 133, l. 4, qu'il les avoit fait creuser, *lisez*, qu'il les a fait creuser.

P. 142, l. 4, nous comprîmes peu de leurs mots, *lisez*, nous comprîmes peu ce qu'ils disoient.

P. 172, l. 13, les habitans disent eux-mêmes, *effacez* eux-mêmes.

P. 173, l. 11, à changer de situation, *lis.* à changer sa situation.

P. 183, l. 10, 27 : ½ degrés, *lisez*, pouces, & corrigez la même faute 3 lignes plus bas.

Tome II.   C c

P. 190, l. pénult. Mel-Paſſy, *liſez*, Bel-Paſſy.

P. 195, l. 4, dans l'Océan, *liſez*, dans la mer.

P. 217, l. 13, la vaſte étendue de l'Océan, *liſ.* la vaſte étendue de la mer.

P. 236, l. 15, s'il n'eſt pas même impoſſible, *liſ.* ſi même il n'eſt pas impoſſible.

P. 273, l. 9, des étincelles de feu, *effacez* de feu.

P. 281, l. 3, morts ſur le bord, *liſ.* morts ſur leur bord.

P. 304, l. 5, *alvuſa*, liſ. *avulſa*.

P. 313, l. 3, en miniature, *liſ.* en petit.

P. 320, l. 9, cette grandeur eſt dégradée, *liſ.* cette grandeur eſt tombée.

P. 322, l. 15, les murailles de ces campagnes, *liſ.* dans, &c.

P. 223, l. 3, & c'eſt probablement, *effacez* probablement.

P. 325, l. 6e avant la fin, ne touchent point de ce métal, *effacez* de.

P. 332, l. 12, pas une ſeule, *effacez* ſeule.

P. 335, l. 1, au-deſſous de l'Océan, *liſ.* deſſous l'Océan.

P. 335, l. derniere, revomie bientôt après dans, *liſ.* par.

P. 341, l. 10, il eſt très-probable, *effacez* très.

P. 342, l. pénultieme, tout notre ſyſtême, *effacez* tout.

P. 346, procurer de lits ni de logement, *liſ.* des lits ni un logement.

P. 350, l. 11, que nous ne devions, *liſ.* devons.

P. 372, l. 9, le coton eſt la production, *liſ.* une, &c.

P. 385, empoiſonner toutes les fontaines, *effacez* toutes.

P. 402, l. 15, parce qu'il n'a pas voulu, *liſ.* parce qu'il n'a pas pu.

P. 405, l. 7, & réduiſit ces ruines, *liſ.* & renverſa.

P. 409, l. 4, il eſt toujours facile, *effacez* toujours.

P. 410, l. 6e avant la fin, d'entendre jamais la raiſon de rien, *liſ.* d'entendre jamais le bon droit.

TOME SECOND.

Page 8, l. 11, beaucoup plus grande, *liſ.* beaucoup plus élevée.

P. 20, quatrieme ligne avant la fin, joints ſi intimement avec, *liſ.* intimement à.

P. 41, l. 7, nous avons du thé, *liſ.* nous avons pris.

P. 43, nous étions tous, *lis.* trente.

P. 44, 3e l. avant la fin, la campagne, *lis.* la compagnie.

Page 67, 7e l. avant la fin, vous ne pouvez pas vous imaginer, *effacez* vous.

P. 73, 10 l. avant la fin, qu'elles conserveroient toujours, *effacez* toujours.

P. 74, l. 3, qu'elles l'étoient, *ajoutez* autrefois.

P. 77, l. derniere, & toute l'assemblée, *effacez* toute.

P. 94, l. 7, tous ces amusemens, *effacez* tous.

P. 96, l. 9, passé toute sa vie, *effacez* toute.

P. 112, troisieme l. avant la fin, tous travaillés, *effacez* tous.

P. 103, l. 13, que le cynique le plus rigide, *lisez* le Stoïcien.

P. 121, l. pénultieme, il courut tout de suite, *lis.* sur le champ.

P. 147, l. 15, ainsi nous voyons, *lis.* aussi.

P. 158, l. 6, on apperçoit dans tous leurs ouvrages, *effacez* tous.

P. 166, l. 3, & le mémorial, *lis.* & le cérémonial.

P. 186, 6e l. avant la fin, de maniere que leur coup, *lis.* de façon que.

P. 191, l. 4, & en dépit de toute notre philosophie, *lis.* en dépit de la Philosophie.

P. 193, l. 6, le char triomphant, *lis.* le char triomphal.

P. 195, l. 6, toutes les fenêtres, *effacez* toutes.

P. 196, l. cinquieme avant la fin, tous les chébecs, *effacez* tous.

Ibid. l. derniere, de toute leur artillerie, *effacez* toute.

P. 198, l. 9, toute l'atmosphere, *effacez* toute.

P. 201, l. 1, tous ceux, *effacez* tous.

P. 203, l. 6, comment nous passerons, *lis.* supporterons.

P. 206, neuvieme l. avant la fin, ou deux plus tard, *lis.* trop tard.

P. 213, l. 8, toute l'église, *effacez* toute.

Ibid. quatrieme l. avant la fin, couverts, *lis.* couverte.

P. 223, l. 13, je vous assure, *lis.* je vous jure.

P. 257, très-menaçante, *effacez* très.

Ibid. deux l. plus bas, très-persuadé, *effacez* très.

P. 258, l. 16, car je suis très-persuadé, *lis.* car je crois.

P. 259, l. pénult. très-pesante, *effacez* très.

P. 271, l. 2, où il n'avoit pas, *lif.* elle ; &c.

P. 274, l. 12, tous les Inquifiteurs, *effacez* tous.

Page 276, ligne 3, & de confirmer, *lif.* & de conférer

Ibid. l. 9, de leurs crimes & de leurs accufations, *effacez* & de leurs accufations.

P. 277, l. 5, afin qu'il foit, *lif.* pour qu'il foit.

P. 297, l. 3, accorderoient, *lif.* accorderoit.

P. 299, deuxieme l. avant la fin, ils étoient dans, *lif.* ils fe trouvoient.

P. 303, l. 1, & nous fommes chargés d'affurer, *lif.* & nous pouvons.

P. 309, l. 11, toute fa voix, *effacez* toute.

Ibid. quatrieme l. avant la fin, *effacez* toute.

P. 312, l. 10, toutes les autres, *effacez* toutes.

P. 314, l. 9, de tous fes talens, *effacez* tous.

P. 324, l. 16, je fuis très-porté, *effacez* très.

P. 337, l. 8, nous pafferons, *lif.* nous refterons.

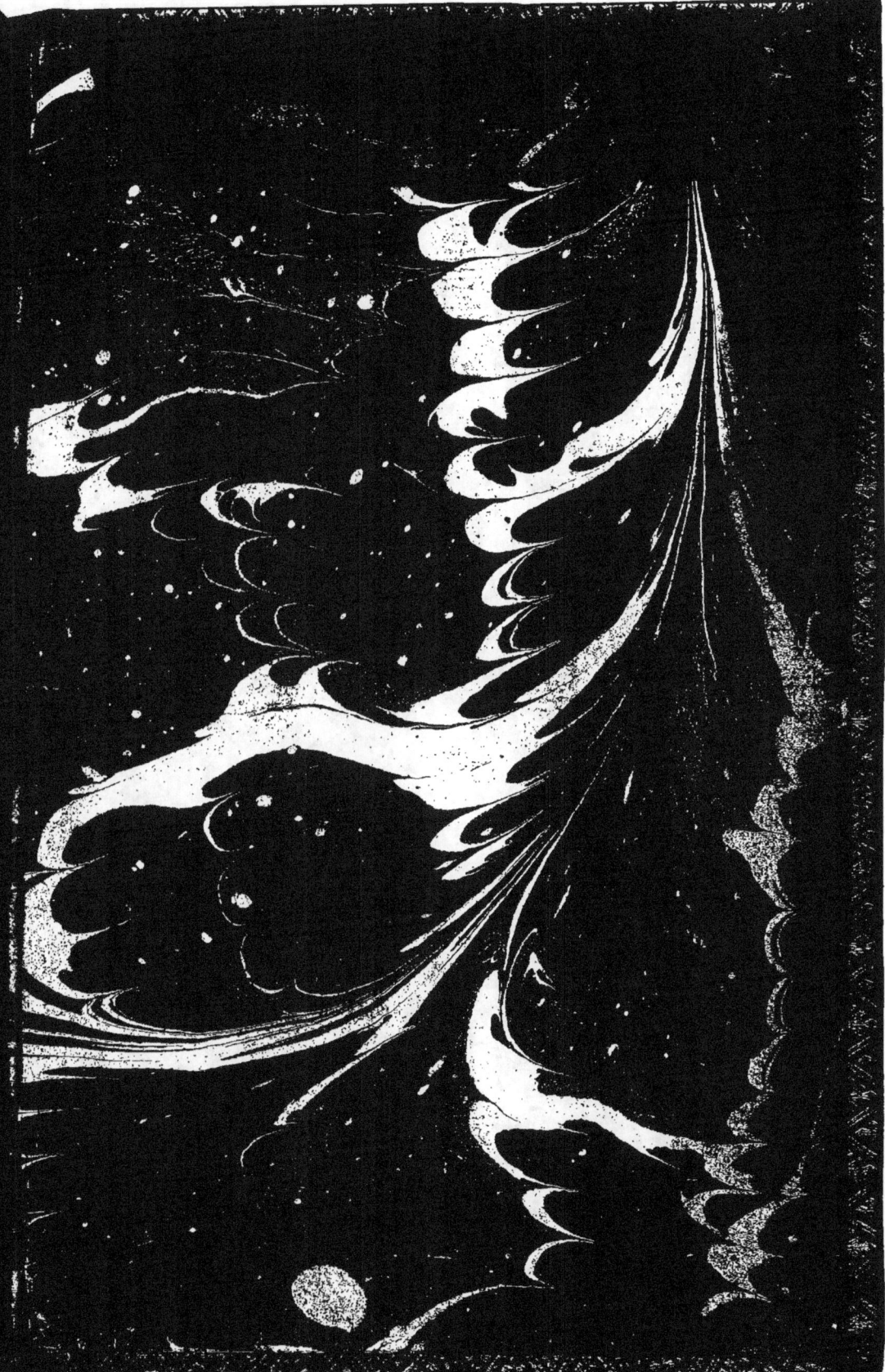

www.ingramcontent.com/pod-product-compliance
Lightning Source LLC
Chambersburg PA
CBHW050744030726
47505CB00002B/393